AF367041

JOAN DE DÉU PRATS

LEYENDAS DE BARCELONA

JOAN DE DÉU PRATS

LEYENDAS DE BARCELONA

Colección: ÍTACA

LEYENDAS DE BARCELONA
1.ª edición, 2008

© 2008, Joan de Déu Prats Pijoan
© de esta edición: ICG Marge, SL

Edita
Marge Books - València, 558, ático 2.ª - 08026 Barcelona (España)
Tel. +34-932 449 130 - Fax +34-932 310 865 - www.marge.es

Director editorial: David Soler
Gestión editorial: Hèctor Soler y Laura Matos
Producción editorial: Estela Serrano y Miquel Àngel Roig
Traducción del catalán: Roser Pérez
Colaboradores: Albert Roura y Gisela Fenollé
Compaginación: Mercedes Lara
Impresión: Zero preimpresión, SL (Molins de Rei, Barcelona)

ISBN: 978-84-92442-22-5
Depósito Legal: B-

Cuentan los antiguos que Barcelona no siempre había tenido este nombre. Parece que todo fue a partir del matrimonio entre un tal Pere y una tal Maria del Mar. De aquella unión nacieron tres hijas: a la *pubilla* (la heredera), la bautizaron con el nombre de Barcelona; a la segunda, que le gustaba curiosear *(badar)* le pusieron Badalona; y la tercera de las hijas, muy despabilada, limpia *(neta)* y que siempre hacía compañía a los pescadores, recibió el nombre de Barceloneta.

Elisabet Pedrosa

Introducción

La ciudad no sólo es lo que vemos. Tiene un alma, invisible, que son todas las cosas que la han conformado desde el más remoto pasado. Y, mirando hacia atrás, bebiendo del imaginario de una comunidad, podemos darnos cuenta de que, en el pretérito, todo estaba lleno de magia. La gente creía en una concepción mágica de la vida. Y no por la ignorancia de la superstición, sino, sobre todo, porque las personas vivían más unidas a la naturaleza y podían percibir fenómenos que hoy en día nosotros, deslumbrados por la luz eléctrica, hemos perdido la capacidad de comprender. Fenómenos llenos de poesía. Porque detrás de la magia siempre hay poesía. Y cuando nos adentramos en las leyendas de nuestra ciudad, la recuperamos.

Por otro lado, a través de las leyendas, podemos descubrir la cotidianeidad de otros tiempos y, en consecuencia, saber más del pasado para descubrir quiénes somos y qué nos determina.

Barcelona y las cuatro poblaciones que la acompañan en la comarca esconden muchas historias. Algunas verídicas; otras, enmarañadas de fantasía. Pero todas forman parte de nuestra manera de ver el mundo.

Yo me he entusiasmado escribiendo este libro y he viajado por el llano de Barcelona con la mirada puesta en lo que había sido en otros tiempos. Y he descubierto una Barcelona cautivadora. Deseo que el lector, cuando acabe esta lectura, descubra que quiere todavía más a esta ciudad.

BARCELONA

La fundación de la ciudad

No todas las ciudades pueden presumir de haber sido fundadas por un semidiós fornido, fuerte y famoso como Hércules. Podría ser que este superhéroe clásico fuera, en realidad, un explorador fenicio que visitó nuestra costa y, de vuelta a su país, fue divinizado por sus gestas. Con el transcurso del tiempo y gracias a la tradición oral, habría sido rebautizado en Grecia con el nombre de Heracles y, posteriormente, conocido como Hércules en la tradición romana.

SEGÚN cuenta la leyenda, Hércules festejaba con Pirene, una doncella gentil hija del rey Túbal, que reinaba en las tierras de los Pirineos. La doncella, no obstante, murió. No sabemos la causa de su muerte, quizás ardía demasiado en deseos por el amor del gigantón, el cual, entristecido, comenzó a arrancar montañas de aquí y de allá para apilarlas, en forma de tumba, sobre los restos mortales de la princesa. Tantas amontonó que acabó formando una cordillera que se llamó Pirineos, en honor a la hija del rey Túbal. Así que ya lo sabéis, los Pirineos son, en realidad, la tumba inmensa de una princesa de la cual Hércules, el hombretón, se había enamorado.

Aquel trabajo abrumador dejó al héroe empapado de sudor; así que decidió, en dos zancadas, plantarse al pie de la montaña de Montjuïc para refrescarse en el mar. Y parece que la visión hermosa del llano de Barcelona le hizo olvidar la pena de haber perdido a su amada, y se propuso fundar allí una ciudad cuando dispusiera de un ratito libre entre sus célebres trabajos.

Después de abrir el jardín de las Hespérides, plantar las columnas del fin del mundo y separar con una grieta Europa de África, llegó el momento de fundar la ciudad.

Encontrada la ocasión, Hércules armó nueve naves con gente escogida y surcó el Mediterráneo hacia aquel llano amable al pie de Montjuïc para hacer realidad su sueño. A media navegación, sin embargo, el cielo se nubló de lo lindo y un temporal enorme dispersó las naves. Tras muchos esfuerzos, los marineros consiguieron poner pie en tierra cerca de Marsella. Una nave, de todos modos, se perdió. Cuando pasó la mala mar, haciendo navegación de cabotaje, Hércules y los suyos continuaron hasta llegar al llano de Barcelona. Allí se quedaron sorprendidos al ver que un grupo de su gente hacía días que se esforzaba trabajando para construir la ciudad. Y es que la barca perdida durante el temporal había llegado sana y salva al llano de Barcelona.

Hércules se alegró tanto de reencontrar a sus hombres que dejó constancia de aquella aventura bautizando la nueva ciudad con el nombre de Barca-nona, o sea, la barca novena que se había extraviado. El tiempo, que todo lo pule, acabó completando el nombre hasta que se convirtió en nuestra Barcelona.

Per coronar eixa obra de cíclop gegantina
de Barcelona al centre plantà un verger feliç,
sobre uns pilans, del Tàber al cim, on sa ruïna
duu escrit al front encara lo nom de Paradís.

Nos lo cantó con suma belleza Jacint Verdaguer, en su obra *L'Atlàntida.*

En recuerdo de aquellos viejos tiempos míticos, conservamos en la ciudad una calle estrecha en el barrio gótico, que desemboca en la plaza de Sant Just i Pastor, la cual lleva el nombre del héroe mitológico. También recordamos a Hércules en la fuente del llano de la Boqueria, donde el escudo de la ciudad está ataviado con la pelliza del león y el garrote que siempre le acompañaban. Por último, la ciudad construyó la Font d'Hèrcules, una estatua del semidiós que actualmente se encuentra en la confluencia del paseo de Sant Joan y la calle Còrsega, obra robusta de Damià Campeny.

Podríamos decir, entonces, que Barcelona dispone del alma femenina de su clima, y de su nombre —decimos «Barcelona, ponte *guapa*», no «¡*guapo!*»—, y del espíritu del forzudo héroe griego que, según la tradición, la fundó para olvidar la muerte de su princesa amada.

---

[1] Para coronar esa obra de cíclope gigantesca
de Barcelona, en el centro plantó un vergel feliz,
sobre unos pilones, del Táber en la cima, donde su ruina
lleva escrito en el frente todavía el nombre de Paraíso.

Tibidabo

Antiguamente, el llano de Barcelona no estaba atestado de casas. Era una llanura amable en leve pendiente. A un lado estaban los pantanales del río Besòs, con bosques de ribera y caza abundante. En el otro extremo, la fértil desembocadura del río Llobregat, con huertos y árboles frutales. En el mismo llano, sobre el minúsculo monte Táber, se encontraba la ciudad. Casas solariegas y una multitud de pueblitos completaban la bella estampa. El «cachalote varado» que asemeja la montaña de Montjuïc cerraba la marina por el sur. Era una imagen idílica. De manera que no fue extraño, según una antigua tradición, que se situara en la cima de la sierra de Collserola uno de los episodios que se pueden leer en el evangelio de san Mateo.

UNA vez, Jesucristo subió a la cima de una montaña a meditar. Era la cima de Collserola. Entonces pasó el demonio por allí y tuvo la diabólica idea de tentar a Jesús. Le mostró todo lo que se veía desde allí arriba, que era espléndido, y le dijo, aguzando la mirada:

—He aquí todo lo que te daré si te arrodillas y me adoras.

En aquella época, no obstante, los demonios hablaban en latín. Y la frase tentadora del diablo fue:

—*Haec omnia tibi dabo se cadens adoraveris me.*

Y así es como la cima de Collserola, a partir de aquel hecho memorable, se llamó Tibidabo.

Huelga decir que Jesús, con buenas palabras, eso sí, envió al demonio a freír espárragos. Cuenta la tradición que Pedro Botero siguió por la línea de cresta y, evitando pasar por el lugar conocido como Santa Creu d'Olorda, llegó hasta Martorell, donde la población se afanaba, sin salir adelante, por construir un puente sobre el Llobregat… El famoso *Pont del Diable.*

Jesús, invitado a Barcelona

*Las noticias corren de prisa, incluso en el lejano siglo I. Y aunque
todavía no se habían inventado los diarios, la radio, la televisión
o internet, muy pronto llegó a nuestra casa una primicia
informativa de gran relevancia.*

SEGÚN el pueblo, la predicación de Jesús y sus discípulos llegó hasta Barcelona muy pronto, en el año 31 de la era cristiana. E inmediatamente, los barceloneses decidieron enviar una delegación a Palestina con el fin de pedir a Jesús que viniera a nuestra ciudad a predicar su doctrina. Jesús recibió muy bien a los comisionados y les dijo que le quedaba todavía mucho trabajo por hacer en Palestina, que tenía la agenda llena de milagros y sermones, de modo que le era imposible aceptar la invitación, pero que enviaría a uno de sus mejores discípulos cuando le fuera posible. Y encargó a san Jaime, que era de todos los apóstoles el que hablaba mejor, que fuera a predicar la nueva ley a Barcelona.

San Jaime vino ocho años después de la muerte de Jesús, en el año 41. Los barceloneses dicen que ésta fue la primera «excursión» de los discípulos de Jesús fuera de Tierra Santa y que la ciudad fue el primer lugar del continente europeo donde se predicó el cristianismo.

Antiguamente, el mar llegaba hasta el Fossar de les Moreres, en el actual barrio del Born. Allí fue donde se dice que san Jaime desembarcó y predicó la nueva ley. Fundó una capillita llamada Santa Maria de les Arenes, atendiendo a su situación. Después de predicar en la playa, se dirigió al centro de la ciudad y continuó en el lugar donde hoy se levanta la catedral, que entonces era un bosquecillo de pinos. Se atribuye también a san Jaime la fundación de la iglesia que había en la plaza donde hoy tienen lugar tantas manifestaciones y celebraciones, sede actual de los gobiernos de Barcelona y de Catalunya, que tiene por nombre, precisamente, de Sant Jaume. En estas iglesias existía una imagen de piedra del santo en recuerdo de su fundación, y en ningún otro templo de la ciudad podía haber imágenes de piedra de este apóstol, ya que no los había fundado él.

En sus inicios, la plaza de Sant Jaume, mucho más pequeña que ahora, se llamaba de la Font, porque allí se encontraba la primera fuente de Barcelona. Según la tradición, el templo de Sant Jaume fue erigido en torno a la piedra que sirvió como tribuna al santo y sobre la cual habló al pueblo; piedra que coincidía con el centro de la Barcelona antigua. Estas piedras, a veces convertidas en estatuas, que se encuentran en el centro de muchas ciudades, representan los mojones fundacionales de la población. Y si Hércules puso en Barcelona la primera piedra física, san Jaime puso la espiritual.

San Jaime, después, se colocó la mochila y las botas montañeras e inauguró una nueva «ruta turística»: el Camino de Santiago que todavía goza de fama mundial.

La patrona de Barcelona

Antes de la colonización romana, los cerros de Barcelona estaban habitados por la tribu íbera de los layetanos. En recuerdo de aquella tribu existe una calle muy cinematográfica —sobre todo por lo que respecta a anuncios publicitarios— llamada Via Laietana. Apenas un poco más tarde, en tiempos de los romanos, cuando la ciudad tenía por nombre una retahíla: Colonia Iulia Augusta Paterna Faventia Barcino, *vivió una jovencita destinada a ser, durante mucho tiempo, la patrona de la ciudad. Se llamaba Eulàlia, fue martirizada por abrazar la fe cristiana, lo cual era una manía muy frecuente entre los romanos de la época, y fue convertida en santa.*

EULÀLIA era una jovencita que se distinguía por su gran caridad. Cerca de su casa, había un pozo de agua muy buena y fresca. Un día, no obstante, el pozo se secó, y unas muchachitas que iban a sacar agua de él se pusieron a llorar porque su padre, que era muy severo, las reñiría si no volvían con los cántaros llenos. Entonces Eulàlia, ante el desconsuelo de las jóvenes, extendió su manto sobre el pozo y, al instante, el agua comenzó a manar. Tanta agua salió que se formó un río. Este río todavía existe bajo la ciudad y alimenta de agua todos los pozos. Antes de que se construyeran las canalizaciones de agua de la ciudad, y también las ampliaciones del puerto, los pescadores conocían muy bien este río y lo llamaban el *Riu de sota* (Río de debajo) o *Riu de santa Eulàlia*. Y cuando caía un aguacero, la corriente que se formaba era tan fuerte que al llegar al mar, los pescadores debían tener mucho cuidado con la navegación.

Desde entonces, los barceloneses invocaban a santa Eulàlia cada vez que los pozos se secaban. Y los poceros tenían por abogadas a santa Eulàlia y a la Mare de Déu de l'Aigua.

Cerca de casa de la santa había un bosque de cipreses, donde se le apareció un ángel que le anunció que sería patrona de Barcelona. En recuerdo de aquel prodigio, el ángel transformó los cipreses en palmeras. Antes de aquello no había en toda esta tierra palmeras. Muchas de las actuales, a pesar de que mucha gente piense que son fruto de una obsesión del Ayuntamiento, descienden de aquellas primeras palmeras.

Los martirios de la santa

Cuando el emperador Diocleciano, martillo de herejes, decretó persecución contra los cristianos, Eulàlia tenía trece años. Y parece que no sólo era caritativa, sino que tenía un fuerte carácter, porque se le ocurrió ir al templo pagano e increpar a Daciano, el gobernador romano de Barcelona. De aquel antiguo templo, aún podéis ver unas magníficas columnas que se encuentran en el interior del edificio que hoy alberga el Centre Excursionista de Catalunya, en la calle del Paradís, tocando a la catedral.

Pues bien, Eulàlia, muy decidida, lanzó arena al altar en señal de escarnio. Daciano se lo tomó con calma, y le dijo que si adoraba a los dioses romanos la perdonaría. Pero Eulàlia se mantuvo firme y, entonces, Daciano la mandó encerrar en la prisión que había al final de la calle de la Boqueria para torturarla, cosa que dice poco a favor de su sentido del humor. La prisión estaba en la actual calle de la Volta de santa Eulàlia. Y dicen que el sol, afligido porque aquel lugar había servido de prisión de nuestra patrona, no quiso volver a entrar allí nunca más. Y, si os fijáis, allí nunca penetran los rayos del sol.

Eulàlia sufrió tantos martirios como años tenía. ¡Y tenía trece! Primero recibió azotes. Después le desgarraron la carne con garfios. Al acabar, le introdujeron los pies dentro de un brasero y, luego, los pechos. A continuación, la rociaron con aceite hirviendo. Y, acto seguido, la regaron con plomo fundido. Después, la tiraron dentro de una balsa de cal viva.

Pero la cosa no acabó aquí. Más tarde, la metieron desnuda en un tonel lleno de trozos de vidrio y clavos con puntas erizadas. Una vez encerrada allí dentro, tiraron el tonel trece veces cuesta abajo por la actual Baixada de Santa Eulàlia, calle cercana a la plaza de Sant Felip Neri. En recuerdo del martirio, en la parte más alta de la calle, hay una capillita con una imagen de la santa con un tonel al lado.

Y aún después, la encerraron desnuda dentro de un corral lleno de pulgas que le picaron como fieras. Por eso, el día de su fiesta, el 12 de febrero, las pulgas son más grandes que nunca y pican más fuerte. La gente comenta que son las pulgas de santa Eulàlia, que quieren recordar a los cristianos el martirio de la santa.

Justo después de recibir todos estos escarnios, los soldados la pasearon desnuda sobre una carreta de bueyes por toda la ciudad. El cielo se compadeció de la escena y comenzó a nevar, y la nieve la cubrió por completo.

Santa Eulàlia, no obstante, aún tuvo ánimo para escaparse de la prisión guiada por un ángel. Los esbirros de Daciano volvieron a encerrarla y decidieron matarla. El sacrificio consistió en clavarla en una cruz en forma de aspa. La tradición señala puntos diferentes de la ciudad donde santa Eulàlia fue clavada en la cruz. El más arraigado es el llano de la Boqueria. Pero como el último martirio tuvo lugar en la plaza del Pedró, se le erigió un monumento en este rincón de confluencia de la calle Hospital con la del Carme, en el barrio del Raval. Allí todavía se puede contemplar a la santa al lado de una gran cruz aspada.

Tan pronto como la santa cerró los ojos, le salió el alma por la boca en forma de paloma. Una gran nevada cayó en el momento en que murió. Los soldados que la custodiaban huyeron muertos de frío y los padres de la joven pudieron enterrarla. Desde entonces, nunca nieva, el 12 de febrero, en la ciudad de Barcelona; costumbre de la naturaleza que no creemos que se pierda en el futuro cercano, debido al cambio climático…

EL POZO Y LAS MONEDAS

Mientras Barcelona estuvo bajo el dominio musulmán, allá por el año 800, los sarracenos sólo dejaron una iglesia abierta para los cristianos: la del Pi.

UN cura viejo, único clérigo que quedaba en Barcelona, sólo podía decir misa a las cinco de la mañana, antes de que se hiciera de día, porque cuando salía el sol comenzaban los clamores de los muecines desde las torres de las mezquitas, y era ofensivo para los musulmanes que se dijera misa a la misma hora.

Además, los cristianos, que entonces vivían en el Raval, para llegar a la iglesia del Pi tenían que dar un gran rodeo, ya que el emir consideraba que el camino más corto era lugar de paso sólo para los buenos mahometanos, pero no para los infieles.

Cuenta la leyenda que el viejo sacerdote, después de decir la misa, fue a sacar agua del pozo para lavar el cáliz, pero de repente se le cayó el cubo por el brocal. Hizo descender una cuerda con un garfio y, al subirla, en lugar del cubo sacó un cofre lleno de monedas de oro. Volvió a tirar la cuerda con el garfio y, por segunda vez, sacó un cofre lleno de oro.

El anciano cura comprendió que aquel tesoro tenía que ser de los cristianos que no tuvieron tiempo de huir durante la invasión musulmana y lo escondieron en el pozo. Entonces pensó que la primera necesidad de la parroquia era tener feligreses, y que muy pocos venían a misa a causa del rodeo que tenían que dar para entrar por la otra punta de la ciudad. De manera que después de cavilar un rato, decidió presentarse ante el emir y le dijo:

—Soy un hombre anciano y mis piernas están cansadas de recorrer la gran vuelta que tenemos que dar para ir a nuestra iglesia.

El emir le contestó:

—Vos sabéis, anciano, que para un acto religioso no puedo permitir que vayáis por la misma calle por donde pasan mis súbditos para ir a recitar sus oraciones.

El viejo cura insistió:

—Me han dicho, señor, que vuestro erario anda escaso de dinero. ¿No podríamos llegar a un acuerdo para que me vendierais el suelo de aquella calle que va desde la muralla hasta mi iglesia?

El emir se quedó pensativo.

—Eso os costaría mucho dinero. Más del que podéis reunir entre vuestra mísera comunidad.

—Decidme cuánto y ya veré si llegamos.

—Pues bien, ya que insistís os lo diré. Os pondré un precio tan alto que nunca estará a vuestro alcance. Si queréis que os venda aquella calle, tenéis que cubrir el suelo de monedas de oro, desde la Portaferrissa hasta la iglesia del Pi.

Pasaron unos días. El anciano había hecho explorar el fondo del pozo y había encontrado aún mucho más oro. Todo el oro del que los barceloneses disponían allá por el año 711 y que lo habían dado a la iglesia para que fuera escondido en un lugar seguro antes de que se produjera la invasión sarracena.

El viejo clérigo se presentó de nuevo ante el emir.

—He conseguido reunir el dinero que pedís. Si os parece, ahora mismo podemos comenzar a cubrir de monedas de oro el suelo de la calle.

Desde la iglesia del Pi comenzaron a sacar cofres llenos de monedas de oro y a esparcirlas por el suelo. Al llegar cerca de la Portaferrissa, el dinero, no obstante, se agotó. Faltaban sólo unos metros. De todos modos, el emir, gato viejo, no quería perder tan buen negocio, y dijo:

—No os preocupéis; si no tenéis suficiente dinero para llegar hasta la Portaferrissa, os daré el terreno hasta donde llegan vuestras monedas. Aquí abriremos una nueva puerta en la muralla, y por un sendero podréis ir y volver libremente los cristianos, hasta la iglesia del Pi, sin tener que cruzaros con mis musulmanes.

El emir recogió la enorme suma de dinero que estaba diseminada por todo el recorrido de la calle y, en efecto, mandó abrir un portillo en la muralla, cerca de la Portaferrissa. Portillo que, desde entonces, dio nombre a la calle que, por este motivo, se llama de Petritxol o Portitxol.

EL DÍA QUE BARCELONA MURIÓ

*Hacia finales del siglo X, después del sitio de Almanzor, la ciudad
de Barcelona ocupaba el monte Táber o Muntanya del Miracle,
con forma de cabo, rodeada de agua por tres lados. Entre la
ciudad y la montaña de Montjuïc, las aguas formaban una bahía
que invadía los huertos de Sant Bertran, la rambla de las
Drassanes, las calles de Escudellers y Regomir, y las olas llegaban
al pie del monte Táber, que limitaba con la bajada de los Lleons
y Valadecols. Hacia levante, las aguas llegaban a la huerta de la
Porta Nova y a parte de los términos del Clot y Sant Martí de
Provençals, hasta los campos que había entre Sant Andreu
y Santa Coloma.*
*Pero quedémonos con Almanzor, o «el Victorioso», el que destruyó
Barcelona el 6 de julio del año 985.*

ALMANZOR, con el grueso de sus mercenarios bereberes
y cuarenta poetas árabes que cantaban sus proezas, decidió hacer una nueva razia. Esta vez contra Barxiluna…
como llamaban los árabes a Barcelona.

A menudo, los condes cristianos dejaban de pagar y cumplir
los pactos con el Califa, protegidos por la distancia. Y, periódica-

mente, los sarracenos salían de campaña contra territorios gobernados por gallegos, leoneses, castellanos, navarros, muladíes del valle del Ebro y los condes de la frontera superior.

La romana Via Augusta se había quedado pequeña para contener el ejército sarraceno.

El conde Borrell II, siguiendo la tradición, delegó la defensa de la ciudad al vizconde Udalard y se adentró en el corazón de sus dominios después de hacer un llamamiento para que sus vasallos le ayudaran en aquella situación de emergencia. Los que acudieron a su llamada, todos de acaudaladas familias, fueron llamados desde entonces los «homes de paratge» (los gentilhombres). Parece que todavía constituyen una asociación y que se reúnen periódicamente con una gran parafernalia, que incluye capas negras y cruces en el pecho.

Las comarcas del Vallès, el Penedès y el Baix Llobregat fueron arrasadas por los sarracenos. En el monasterio de Sant Cugat hicieron mártires. Las monjas de Sant Pere de les Puel·les se hicieron cortar la nariz voluntariamente.

El sitio se inició el lunes 1 de julio de 985. Barcelona permanecía también asediada por mar para no dejar huir ninguna barca.

Poco a poco, los aljibes y las cisternas comenzaron a vaciarse.

Al lado de las habituales escaleras de asalto, de más de veinte metros de largo y dos de ancho, con el fin de que los soldados andalusíes pudieran subirlas por parejas y combatir mejor, los árabes también tenían enormes torres de asalto que habían ido construyendo. Cada plataforma podía cargar una cincuentena de combatientes con todas sus armas de ataque, arietes incluidos, y de defensa. La superficie de los troncos había sido pintada con una sustancia que retardaba la combustión.

Al cuarto día de sitio, pequeñas patrullas lanzaban flechas incendiarias dentro de la ciudad. Las casas, casi todas de madera, ardían y obligaban a muchos defensores a dejar la muralla para acudir a apagar los fuegos.

Entre otros proyectos del Victorioso estaba la ampliación de la mezquita de Córdoba, y necesitaba todas las campanas de Barcelona para fundirlas y fabricar las nuevas lámparas del edificio ampliado.

Al anochecer del cuarto día, desde los cuatro lados de la muralla exterior, las catapultas comenzaron a arrojar pesadas rocas que rompían la parte superior de los edificios como una lluvia de meteoritos. Entre el polvo y el fuego poco podían hacer los guerreros cristianos por defenderse.

Fue entonces cuando, al ponerse el sol por detrás de la sierra de Collserola, los musulmanes situaron unos artefactos desconocidos en el lado norte de la muralla. Las máquinas lanzaban cada hora cincuenta cabezas de cristianos en el interior de la ciudad. Había comenzado la guerra psicológica.

Al sexto día, en plena desmoralización, la puerta que estaba a la vuelta de la esquina de la actual calle del Bisbe fue finalmente reventada por los andalusíes. Entraron en tropel. Todo fue registrado. Los pobres que no valían ni un sueldo eran asesinados o hechos prisioneros. Los nobles fueron esposados, encadenados y conducidos al campamento de Almanzor para pedir un rescate por su liberación. Entre ellos se encontraban el vizconde Udalard y el archidiácono Arnulf.

Barcelona había muerto realmente. Así lo constataron los escribanos que hicieron inventario de todos los destrozos: *Ipso anno, quando Barchinona interiit.*

El conde Borrell, que no fue auxiliado por los francos a pesar de las continuas peticiones que les hizo, tomó buena nota de ello. Nunca más les juraría fidelidad, pero respetaría los acuerdos que firmase con las autoridades cordobesas.

A veces, las cosas tendrían que ser más sencillas, o al menos no tan dramáticas, pero lo cierto es que el ataque de Almanzor, llamado el Victorioso, propició la independencia de Catalunya.

Los barceloneses, interpretando a su manera lo que había sufrido la ciudad durante el asedio, inventaron una historia fantástica de lo que había sucedido. Nadie lo veía de la misma manera, pero la narración prosperó. Los ciudadanos se inventaron que un gigante venido de Caldes de Montbui, llamado Fort Farell o Gegant del Pi, al conocer lo que sucedía en Barcelona, se había acercado allí para liberarla armado con un pino gigante, con el cual se pelearía con el gigante de la ciudad, que representaba a los musulmanes. Tras la batalla campal, para reponerse del esfuerzo, el gigante descansó y se durmió. Con el rocío de la noche, su cuerpo se enfrió tanto que murió y dio forma a la sierra de Collserola.

Sant Jordi

*San Jorge (Jordi en catalán) no es sólo el patrón de Catalunya,
sino también el de Aragón, Inglaterra, Rusia, Génova, Georgia,
Grecia, Lituania y Serbia. La tradición dice que nació en
Capadocia y que fue un mártir cristiano. El nombre de Jorge
proviene del griego gorgios, que significa «payés». La extensión
de su culto tuvo lugar en el siglo XI con el inicio de las cruzadas.
Desde el siglo XV, su día coincide con la Fira de les Roses que
inicialmente tenía lugar en el patio del Palacio de la Generalitat.
Y en 1926, la Fira de Sant Jordi pasó a coincidir con el Día del
Libro, que en su origen se destinaba a conmemorar la fecha de la
muerte de Miguel de Cervantes. Desde 1982, la Generalitat
concede una condecoración, la Creu de Sant Jordi, a las personas
que se han distinguido en su obra por nuestro país.
No conocemos las proezas que hizo san Jorge, el santo guerrero,
en otras tierras. Pero podemos explicaros algunas que dejaron
boquiabierta a nuestra gente.*

CUANDO los árabes invadieron Catalunya, Barcelona quedó casi arrasada. Desde Manresa, el conde Borrell y los nobles pidieron ayuda, pero acudieron pocos caballeros.

Cuando se dispusieron a la pelea, con los ojos bien abiertos porque veían que les sería difícil ganar, llegó un caballero joven y de buena planta, vestido de blanco, que llevaba sobre el pecho una gran cruz roja y otra igual en su escudo, e iba armado con una lanza larga y punzante. Los guerreros cristianos esbozaron una amplia sonrisa de alivio. En seguida comenzó la batalla, y el caballo blanco del caballero, ante el pavor de los jinetes musulmanes, se tornó como de fuego y se lanzó con furia contra las filas de los oponentes. El caballero hizo un estrago tan grande que los árabes se retiraron y los cristianos pudieron volver a entrar en Barcelona, perdida poco antes.

Todos se preguntaban quién era aquel guerrero. La hueste entró en la ciudad por el Portal de Mar, donde hoy está la plaza del Àngel, capitaneada por el caballero que, a pesar de la sangre vertida, llevaba el vestido más blanco que nunca, y el escudo le lucía como si tuviera vida propia. Al llegar el caballero a la plaza de Sant Jaume, pequeñita entonces, sobre su caballo de fuego, alzó la lanza hacia arriba, hacia el cielo, y allí hizo tres veces la señal de la cruz. A continuación, la señal desapareció. Todos creyeron que era san Jorge, que había querido salvar Catalunya e, inmediatamente, le hicieron su patrón. Desde entonces, la cruz de san Jorge forma parte del escudo de la ciudad. Y se convirtió en una costumbre que todos los caballeros se encomendasen a él antes de la batalla. Los caballeros catalanes se lanzaban a la lucha al grito de *Sant Jordi Firam! Firam!* (¡San Jorge, fuerza y honor!) para pedir la protección del santo. De esta manera, se enardecían para el combate. ¡Catalunya ya tenía un héroe!

Sant Jordi y el dragón

*Y cuando nacen los héroes, también tienen que hacer acto de
presencia malvados que estén a la altura de sus grandes poderes.
Si no, ¿qué gracia tendría luchar con los canijos humanos?*

En el tiempo en que los árabes reinaban en Córdoba, había un conde en Catalunya que tenía una princesa bellísima. Las tierras catalanas estaban asoladas por un monstruo alado con cabeza de serpiente. Cuando no recorría la tierra, nadaba por la superficie del mar persiguiendo barcos y se comía a los marineros.

Una mañana de abril, los vigías de Barcelona vieron al dragón que, empujado por el viento del este, se dirigía hacia la costa. Se cerraron puertas y repicaron todas las campanas de la catedral con el fin de ahuyentar al monstruo. El dragón, al oír todo aquel jaleo, huyó hacia el norte y allí hizo grandes destrozos.

Los campesinos se refugiaron tras las murallas de la ciudad y el monstruo, al verla tan bien protegida, decidió atacar por el aire. Sobrevoló Barcelona, pero una nube de flechas le hizo huir otra vez.

Pasaba el tiempo y disminuían los víveres porque el dragón era tozudo: permanecía cerca de las murallas y no dejaba entrar ni salir a nadie. Los pocos hombres valientes que intentaban escabullirse de allí para traer provisiones no regresaban.

Se envió, entonces, un ejército muy aguerrido para enfrentarse con aquel pavoroso monstruo de escamas, pero no pudo vencerlo. El hambre se extendió por la ciudad. Y como nadie quería enfrentarse al dragón, se decidieron por sorteo los guerreros que lucharían contra él. Pero, malogrados, uno a uno fueron cayendo bajo las zarpas de la bestia de fauces de fuego. Finalmente, le tocó el turno a la princesa. El conde se negó a ello, pero la chica insistió hasta que, armada con lanza, salió de la ciudad y se internó en un bosque.

Allí encontró a un viejo caballero.

—¿Adónde vais, señor, tan temprano…? ¿No sabéis que hay un dragón? —se alarmó la princesa.

—Lo sé, y estoy aquí para defenderos.

El caballero no escuchó los ruegos de la princesa y, muy decidido, tomó el camino que conducía a la cueva donde habitaba la fiera.

—¿Cómo os llamáis? —le preguntó la princesa antes de que la dejara sola.

—Jordi —contestó el caballero; no sabemos si lo dijo con una sonrisa radiante como las de los anuncios de dentífricos.

Cuando el guerrero llegó a la guarida de la bestia, vio que justo entonces ésta se despertaba. Se enzarzó con ella y lucharon todo el día. Parecía una pugna desigual. Las alas puntiagudas, las garras, los colmillos y el fuego que lanzaba por la boca luchaban encarnizadamente contra el escudo y la lanza del noble caballero. Finalmente, sin embargo, Jordi consiguió clavarle el arma entre dos escamas y lo dejó malherido.

El caballero ató el cinturón azul de la princesa al cuello del monstruo medio inconsciente.

—Llevadlo ante el conde. Estáis liberados por siempre jamás de esta fiera.

Y el caballero montó su caballo blanco y se marchó a galope, con la tranquilidad del trabajo bien hecho.

La chica se echó en los brazos de su padre sollozando. ¡Qué experiencia había vivido! Y era tan hermoso el caballero…

Toda la ciudad se maravilló, de aquel hecho prodigioso. Y la gente alabó la proeza del caballero que les había salvado. El dragón, durante un tiempo, fue el único huésped del zoológico de la ciudad, hasta que murió en su foso.

Joan Garí

*Las películas norteamericanas nos han acostumbrado a no fiarnos
de nadie, no sea que tu vecino se parezca demasiado a Freddy
Crouger. En otros tiempos, la gente era más confiada y, por eso,
sucedían cosas que después se lamentaban.*

RA el siglo IX cuando llegó a Barcelona un peregrino llamado Joan Garí. Rezó en la catedral y fue ejemplo y admiración de los vecinos por su modestia, el fervor con que oraba y su generosidad, ya que repartía entre los pobres las limosnas que recibía.

Y obtuvo permiso del obispo Evildo para subir a la montaña de Montserrat y habitar en una cueva, dedicado a la contemplación de Dios. Muchos barceloneses iban a visitarlo para pedirle consejo y la bendición.

Su fama llegó a oídos del conde de Barcelona. Y sucedió que la hija del conde, la princesa Riquilda, sufrió una extraña enfermedad. Los médicos diagnosticaron que se trataba de una posesión diabólica. Gritaba entre convulsiones contra seres invisibles. Nadie pudo hacer nada y el conde decidió que su hija visitara al ermitaño del que decían que incluso obraba milagros. Una vez llegaron a la cueva, el santo barón hizo la señal de la cruz e, inmediatamente, salió de la boca de la princesa, ante el espanto de todos, el demonio con la apariencia de una serpiente verde.

La chica permaneció un tiempo en Montserrat a fin de que el ermitaño consolidara su triunfo contra el demonio. Pero aquella noche la serpiente volvió y susurró en el oído del ermitaño tentaciones insinuantes, y Garí salió de la gruta, fue a ver a la princesa y, ¡qué poco juicio!, abusó de ella.

Después, para no ser descubierto, estranguló a la chica y la enterró bajo el suelo de la cueva. Acto seguido, huyó, pero todas las pisadas lo volvían a conducir al lugar del crimen.

Al amanecer, estaba tan arrepentido que lloró sobre el suelo de la cueva y pidió perdón. Entonces escuchó una voz que le ordenaba ir hasta Roma a solicitar el perdón por su delito.

Bajó a Barcelona y, rodeando las murallas, se dirigió hacia la playa. Allí pidió a unos pescadores si podían embarcarlo. Pero al verlo, los hombres le dijeron que se marchara, que era un leproso, que podía contagiarlos, que huyera o lo matarían a pedradas. Garí se puso las manos en la cara y palpó una costra repugnante. Y comprendió que tendría que hacer el camino él solo, lejos del gentío.

Dos años tardó en llegar a Roma. Cuando estuvo allí, bebió de un riachuelo y se dio cuenta de que le habían desaparecido las horribles pústulas de la cara. Fue hasta la casa de san Pedro y, de rodillas, ante el Papa, le explicó su pecado.

El Papa dijo que no podía absolverlo. Que había faltado a la hospitalidad, había quebrantado la reputación que Dios le había concedido para ejemplo de los hombres, había abusado de una chica y había matado.

—Vete como las fieras, arrastrándote. Has perdido la cualidad de hombre para convertirte en bestia. Ésta será tu penitencia.

—He perdido mi alma para siempre —se lamentó Garí.

—No, nadie pierde el alma mientras se halle en este mundo. Mientras vivas, puedes esperar el perdón de Dios.

—¿Y cómo sabré que me ha perdonado? —preguntó.

El Papa cerró los ojos como si recibiera una revelación del cielo y, finalmente, dijo:

—Sabrás que Dios te ha perdonado de los labios de un recién nacido.

Garí tardó diez años en volver a Montserrat. Se arrastraba por el suelo con la ropa hecha jirones y la piel se le cubrió de un pelo espeso como el del jabalí. Fue a Montserrat en busca del perdón.

Los payeses, no obstante, intuyeron que rondaba por allí una fiera y organizaron una batida. El conde acabó también subiendo a Montserrat desde Barcelona para ayudar en la búsqueda. Finalmente, acorralaron a la «fiera» en la gruta. Cuando iban a matarlo, ofreció el cuello y decidieron atarlo y traerlo a Barcelona como un trofeo.

En el patio de palacio, lo ataron y lo exhibieron a la vista de todo el mundo. Garí, entonces, hizo la señal de la cruz en el suelo y se puso a llorar. Un criado advirtió al conde. Éste avisó al capellán y llevaron la bestia al Saló del Tinell, donde los nobles discutían si se trataba de un oso o de un simio.

En aquel momento, una criada que llevaba a cuestas el principito Mir, nacido hacía pocos días, se acercó a la bestia, que se quedó mirando al niño. El recién nacido abrió los brazos y exclamó:

—Levántate, Garí, porque Dios te ha perdonado.

Entonces, Garí confesó su culpa y pidió castigo. Pero como el conde no podía castigar a alguien que Dios había perdonado, le dieron ropa para que se vistiera y todos subieron a la gruta de Montserrat para recuperar los restos de la princesa Riquilda.

Cuando llegaron a la gruta, encontraron en una cueva, en medio de un gran resplandor, una imagen de la Virgen, aquella que, desde entonces, se llama Virgen de Montserrat.

Los restos de la princesa fueron conducidos a la catedral hasta que el conde y su esposa fundaron el monasterio de Sant Pere de les Puel·les, que sirvió de mausoleo a su hija. De Garí, no sabemos nada más. Estaba muy arrepentido, y seguro que lo primero que hizo fue ir al barbero.

Actualmente, queda la iglesia del convento de les Puel·les, aunque remodelada después del incendio de 1903, en la plaza de Sant Pere, en el barrio de Sant Pere, de la Ciudad Condal.

EL EMPERADOR DE CHINA

Catalunya llegó a ser un país con ambiciones. Quería hacerse más grande. Necesitaba saber qué había más allá de sus valles y para ello se enviaron embajadas por todo el mundo. Esta historia habla de estas embajadas.

MIENTRAS el rey don Jaume estaba ocupado en las diversas conquistas, recibió un mensaje del emperador de China. El rey envió un emisario, el abad de Poblet, sabio y muy listo, al emperador.

El emperador le enseñó la corte, las riquezas, las maravillas y los prodigios de su ciudad. Tantas, que el abad pensó que había una pizca de malicia y desdén hacia él y lo que representaba. Y era cierto que el emperador no podía creer que hubiera en la tierra ciudad más suntuosa y prodigiosa que la suya. El padre abad se propuso devolverle la pelota y le habló así:

—Tenéis que saber, emperador, que el rey don Jaume vive en una ciudad levantada sobre el agua y toda rodeada de fuego. Esta ciudad está hecha con ojos de serpiente e hígados de ternera y la construyeron los gallos y los conejos. Además, la ciudad de Barcelona está gobernada por cochinillos y los muertos se pasean por las calles. La ciudad es un río sobre el cual hay un puente y sobre el puente pastan más de cien mil cabezas de ganado.

El emperador permaneció boquiabierto; no sabía qué decir, creía que lo engañaban. Pero no era así, sus palabras eran un enigma:

La ciudad del rey don Jaume era Barcelona. Y, según la tradición, está asentada sobre el *Riu de sota* (Río de debajo) o *Riu de santa Eulàlia*. Las murallas eran de piedra de pedernal de Montjuïc y, por tanto, la ciudad estaba rodeada de fuego. Los edificios estaban hechos de granito de Montjuïc, llamada piedra berroqueña u ojo de serpiente, y de otro tipo llamada hígado de ternera. En Barcelona vivieron dos importantes familias de maestros de obras llamadas una Gall (gallo) y otra Conill (conejo), prácticamente los únicos que construyeron la ciudad; de aquí que se pudiera decir que la habían construido los gallos y los conejos. Por una antigua tradición, a los barceloneses se nos califica de *porcells* (cochinillos) y como barceloneses eran los que formaban el Consell de Cent, se podía ciertamente decir que estaba gobernada por cochinillos. Una de las antiguas familias nobles barcelonesas fue la familia Mor, de modo que se podía afirmar que los muertos se paseaban por las calles. Y dado que el río pasa por debajo de la ciudad, Barcelona le hace de puente, así que en todo el terreno que ocupa la ciudad bien pueden pastar más de cien mil cabezas de ganado.

Se comenta que el padre abad engañó al emperador y dio origen a la expresión *engañar como a un chino*.

Quizá es por las maravillas que se explicaron sobre nuestra ciudad que tantos orientales la visitan. No sabemos, sin embargo, si la encuentran tan llena de hechos sorprendentes como la pintó el santo abad.

La Mercè

Como ya hemos dicho, la patrona de Barcelona era santa Eulàlia, pero alguien vino a hacerle la competencia. Una rivalidad entre una santa y una virgen bien merece ser contada.

UNA noche, el rey don Jaume soñó que la Virgen le reprochaba que hacía poco por los cristianos que, a causa de las guerras o apresados por barcos corsarios, estaban cautivos de los musulmanes.

Estos prisioneros se consumían en las prisiones de Berbería. Y la Virgen prometió al rey que bajaría un día a verlo personalmente para organizar la redención de los cautivos. El lamento de la Virgen impresionó al espíritu del rey. Pero éste dudaba de la veracidad del sueño, si bien la idea soñada era muy loable.

Al día siguiente, su confesor, san Ramon de Penyafort, acompañado de san Pere Nolasc, fue a verle, y ambos le contaron que la Virgen se les había aparecido y les había hablado de la necesidad de redimir a los cautivos de tierras musulmanas.

Ante la milagrosa coincidencia, convinieron que no eran sueños. Y prometieron, ante una imagen de la Virgen, que satisfarían el deseo, que también ellos compartían.

Al día siguiente por la noche, se les volvió a aparecer la Virgen y los convocó a los tres solos en el Saló del Tinell del Palau Reial.

A la hora convenida, la Virgen descendió envuelta en una nube azul y acompañada de numerosos angelitos. Y con voz solemne habló de organizar una especie de ONG, que se encargara de la redención de los cautivos. En resumidas cuentas, acordaron la fundación de la Orden Mercedaria, la cual procuraría recaudar dinero para comprar la libertad de los prisioneros cristianos en poder de los musulmanes, que acostumbraban a venderlos a buen precio. La orden recibió el nombre de Mercè, ya que se consideró una gran merced la que se hacía a los cautivos obteniendo su libertad. También fue creada una nueva advocación: la Virgen de la Merced, bajo la protección de la cual se puso la nueva orden, que tomó este nombre.

La redención de los cautivos era un asunto de una importancia capital, ya que en aquel tiempo no era demasiado conveniente ir a la playa por si acaso venían los corsarios berberiscos. No obstante, parece que a santa Eulàlia, patrona hasta entonces de la ciudad, no le hizo ninguna gracia aquel destronamiento, porque los frailes mercedarios habían conseguido que se declarara nueva patrona de la ciudad a la Virgen de la Merced.

La leyenda dice que santa Eulàlia se enfadó tanto que, desde entonces, casi siempre hace que llueva el día 24 de septiembre con tal de deslucir las fiestas de la nueva patrona.

La leyenda de san Ramon de Penyafort

El rey Jaume I era un hombre de suerte. Tenía por consejero un santo, cosa que no pueden decir hoy en día nuestros gobernantes, que prefieren contar con asesores de imagen. Pero, claro, los consejos de un santo no siempre son gratos de escuchar.

LA tradición dice que en tiempos de la conquista de Mallorca por el gran rey don Jaume, el fraile dominico que más tarde fue san Ramon de Penyafort, confesor del rey, le reprochaba a éste que llevaba una vida demasiado licenciosa con una dama aragonesa llamada Peronella, y le amenazó con que le abandonaría si no se corregía.

El rey, molesto, mandó a la gente de mar que no embarcaran ningún sacerdote sin un mandato real expreso. El fraile, al ver que el rey no se corregía, decidió dejarlo y fue a buscar una barca que lo llevara a Barcelona. Pero ningún patrón quiso alquilarle una embarcación.

El santo, entonces, tiró su capa al agua, hizo servir su cayato de mástil, los escapularios de vela y la imagen del santo Cristo de timón, y se embarcó rumbo a Barcelona, adonde llegó solo al cabo de siete horas de navegar.

Desembarcó en la playa donde se encuentra el antiguo edificio de la Llotja y la plaza de Antoni Lòpez. Hasta el siglo XII, este lugar fue un roquedal inmediato a la playa poblado por barracas que era conocido con los nombres de Vilanova de les Roquetes o Vilanova dels Sarraïns.

En cuanto pasó la barra de mar, todas las campanas de la ciudad se pusieron a tocar solas para anunciar el gran milagro que acababa de producirse, y la ciudad entera salió a la calle y se echó al mar para ver al santo y su barca.

Para rememorar el milagro, quisieron levantar una capillita en el roquedal de la playa. Al cavar en la piedra para hacer los cimientos, encontraron una imagen de santa Caterina. Este hallazgo se consideró otro prodigio, y en lugar de dedicar la capillita al santo, la dedicaron a la santa. Más tarde, los frailes predicadores, que era la orden religiosa a la cual pertenecía san Ramon, fundaron un gran convento en Barcelona y lo dedicaron a santa Caterina, en recuerdo del prodigioso milagro de haber encontrado la imagen entre la roca viva.

Santa Caterina se convirtió en la patrona de los pescadores barceloneses, junto con san Nicolau y san Ramon. San Elm ha sido adoptado como patrón en tiempos más modernos. Para conmemorarlo, cada año, el día de san Ramon de Penyafort, la cofradía de los pescadores, que estaba establecida en el convento de santa Caterina, organizaba una procesión que iba desde el convento a la playita. La formaban los cofrades con hachas encendidas, presididos por el abanderado, que llevaba la bandera de la cofradía.

Toda la comitiva se arrodillaba en la arena y oraba. Cuando tenían que santiguarse, mojaban el dedo en una ola y se ungían con el agua de mar. El abanderado inclinaba la bandera hasta que hacía tocar el extremo en el agua.

Y cuando se retiraban, caminaban hacia atrás hasta que ya no veían el mar. El sacerdote que acompañaba el oficio bendecía la mar por tres veces: en cuanto la veían, cuando se volvían y al dejar de contemplarla.

Si alguno de estos detalles hubiera sido descuidado, la gente de mar creía que habría despertado la furia de san Ramon y les habría enviado mala pesca.

Esta ceremonia duró hasta el año 1835. Al quemarse el convento de Santa Caterina, se perdió la bandera del gremio de pescadores, y la cofradía quedó desbaratada. Cosa que, a estas alturas, nadie pretende restablecer a causa de la poca pesca que queda.

San Francisco de Asís

Muchos personajes insignes han visitado nuestra ciudad.
Hércules, su fundador. Jesús, que fue tentado en el Tibidabo.
San Jaime, que trajo la buena nueva del cristianismo. San
Jorge, el valiente caballero que nos regaló su cruz para el
escudo de la ciudad. Almanzor, que traía malas pulgas.
La Virgen de la Mercè, que vino en puente aéreo desde el
cielo… Pero, quizá, el personaje más entrañable que pasó por
Barcelona, pionero de los jipis y el ecologismo, fue san Francisco
de Asís.

ENTRE las calles de Josep Anselm Clavé, paseo de Colóm, plaza del Portal de la Pau y plaza del Duc de Medinaceli, se levantaba hasta mediados del siglo XIX un convento de franciscanos. Fue fundado por san Francisco de Asís cuando vino a la ciudad en 1211.

Nada más llegar, comenzó a predicar en la playa y anunció dos grandes profecías. La primera, que en poco tiempo sería encontrado el cuerpo de la santa mártir Eulàlia, patrona de Barcelona, el cual llevaba muchos años perdido desde que fue escondido durante la invasión de los sarracenos. La segunda era que se alzaría en aquel lugar de la playa el mayor edificio religioso de la ciudad, y que serviría para dar pan a los pobres y consuelo a los afligidos.

Al cabo de unas semanas se halló el cuerpo de la santa, el cual hacía quinientos años que estaba oculto en una cueva donde hoy se encuentra Santa Maria del Mar. Llevaron el cuerpo a la catedral y el sepulcro donde estaba, una urna de mármol, sirve de pila bautismal en la parroquia de Santa Maria del Mar. El cuerpo de la santa reposa hoy en la cripta de la catedral.

Ante la reputación del santo, Jaume I lo tomó bajo su protección. Y le preguntó qué necesitaba. San Francisco contestó que con una piedra tenía suficiente para predicar, pero que la gente se mojaría y pasaría frío. El rey, entonces, le regaló los terrenos del convento desaparecido.

Con donativos y limosnas de los barceloneses, se construyó el edificio religioso más grande de Barcelona para socorrer a los pobres, y así se cumplió la segunda profecía.

El caballito de san Francisco

También se cuenta que el santo había manifestado su deseo de visitar a la Virgen de Montserrat y los *consellers* de Barcelona le ofrecieron un caballo. Pero el santo lo rechazó diciendo que si Jesús había ido a Jerusalén en una burra él no podía aceptar un caballo, ni siquiera un asno, para no igualarse a Jesús, por lo cual iría a pie. De aquí quedó en Barcelona la frase *«anar amb el caballet de sant Francesc»* (ir en el caballito de san Francisco) para decir que se viaja a pie.

Los hermanos pájaros

San Francisco profesaba un gran amor por los animales, los consideraba sus hermanos. Sobre todo los hermanos pájaros. Tiraba cada día parte de su ración de pan a los pájaros que acudían a la ventana de su celda.

Un día san Francisco había salido a pedir limosna al Born, lugar donde se ponía el mercado de la argentería y los objetos de lujo. Uno de los vendedores exponía una gran jaula con jilgueros. Al lado tenía una vela encendida, y en la mano, una gruesa aguja de hierro con el mango de madera.

—¡Los vendo ciegos, los vendo ciegos! —gritaba.

San Francisco le preguntó por qué.

—Cantan mucho mejor así, ya que no se distraen. Además, los marineros los dejan sueltos por el barco, sin que se escapen.

San Francisco pensó en aquel hecho, no realizado con maldad, sino por ignorancia. Y dijo:

—Vendedor, ¿no es cierto que tu padre anciano está casi ciego?

—¿Y cómo lo sabes? —preguntó el vendedor sorprendido.

—Lo sé. Y te propongo un trato. En el nombre de Dios te propongo cambiarte la vista de tu padre por la vista de todas estas pequeñas criaturas que tú dejas ciegas.

—¡Eso no es posible! —se quejó el hombre.

—Vamos a casa de tu padre.

Y se dirigieron con la jaula hasta una casa de la calle Rec Comtal, cerca de la acequia. San Francisco saludó al anciano cuando lo vio.

—Abuelo, ¿cómo va la vista?

—Muy mal. Hace dos años que no veo ni el resplandor de la luz del sol.

—Eso es porque no has confiado en la misericordia de Dios. Ten confianza en él, y si ves con los ojos del alma, también verás con los ojos del cuerpo.

—Nunca había pensado en esto —respondió el hombre—. No he rezado desde la infancia. Pero es verdad, Dios puede obrar milagros y espero desde ahora que me cure la vista.

De repente, el viejo se llevó las manos a los ojos y comenzó a verlas arrugadas.

—¡Tu palabra me ha sanado!

—No. Mi palabra no. Tu fe y la voluntad de Dios.

El pajarero, inmediatamente, tiró al suelo la aguja. Abrió la jaula y los pájaros salieron volando. Se posaron en la cabeza y los hombros de san Francisco. Después, desde los árboles, continuaron cantando. Y desde aquel día, aquella calle comenzó a llamarse calle de los Ocells («pájaros», en castellano), nombre que todavía conserva, situada muy cerca de la plaza de Sant Pere y de la calle del Rec Comtal.

Las figuritas de barro

Después de dos años en la ciudad, san Francisco decidió marcharse. Cuando lo comunicó, sus frailes se quedaron desconsolados y le pidieron que, ya que los abandonaba, les dejara un recuerdo palpable de su presencia.

—Si las cosas grandes como este convento no son suficiente, os dejaré una cosa pequeñita que os sirva de consuelo.

Y Francisco se metió en su celda y permaneció unos cuantos días encerrado con diversos sacos de tierra y cubos de agua. Llegó la víspera de Navidad y el santo salió.

—¿Queríais un recuerdo? Pues entrad en la celda.

Y encontraron sobre los tablones del lecho una serie de figuritas hechas de barro que representaban el nacimiento: pastores, reyes, camellos, ángeles, san José, la Virgen y el niño Jesús.

Todos quedaron maravillados de la representación del misterio de la natividad mediante figuritas de barro, y san Francisco dijo:

—Os dejo esto como recuerdo. Cada año, por Navidad, pondréis estas figuritas para que los niños y los mayores se acerquen a Jesús.

Y así fue como en Barcelona, en el año 1213, san Francisco creó el pesebre. Y desde esta ciudad se ha hecho llegar al mundo entero.

Las espadas de la ciudad

Ahora todo el mundo tiene teléfono móvil, pero hace mucho tiempo lo usual era llevar espada. Las espadas eran símbolo de justicia y de poder. Hay algunas espadas muy famosas. Dejando de lado la espada láser de la Guerra de las Galaxias, tenemos la mítica Excalibur, cuyo propietario era el rey Arturo. También conocemos la Tizona, con la que el Cid Campeador asestaba golpes de espada a diestro y siniestro. Parece que la ciudad de Barcelona tenía buena fama en la confección de estas herramientas tan valoradas en otras épocas. Y allí existió una muy famosa...

EN el año 1131 se habían inventado las fraguas de hierro catalanas, que constituían uno de los avances más importantes de la metalurgia. Muy superiores a las ferrerías de Vasconia y Cantabria, las fraguas catalanas se diferenciaban de todos los sistemas anteriores en que, para soplar el horno, se utilizaba una corriente de aire producida por la acción de una bomba de agua, alimentada por un riachuelo o un canal. El hierro preparado por este procedimiento tenía un temple mayor y se exportaba a Italia para la fabricación de armaduras y espadas. La exportación de este hierro catalán de tan alta calidad contribuía, además, a promocionar las armas forjadas en la ciudad de Barcelona por parte de innumerables talleres que dieron nombre al pasaje de los Ferros y a las calles de Dagueria y de Espaseria.

Los espaderos barceloneses eran famosos entre el mundo caballeresco medieval porque guardaban el secreto de forjar espadas con un temple tan especial que herían sin tocarlas y aun estando en la vaina. Esta fama dio pie a un refrán:

Espada de Barcelona,
espada buena.

El mejor presente que se podía hacer a un caballero de aquellos tiempos era una espada de Barcelona. No había hombre de armas forastero que, al visitar nuestra ciudad, no comprara espadas para él y para los amigos que más distinguía. Se atribuyen, en parte, los éxitos guerreros de la Catalunya medieval al temple de las espadas catalanas. Se había llegado a creer que las espadas barcelonesas estaban poseídas de encanto y maravilla, y los espaderos eran considerados medio brujos.

Según un censo de principios del siglo XVI, en Barcelona había veinte espaderos y tres lanceros. Esta notable diferencia, en un tiempo en que se usaba tanto la espada como la lanza, nos habla de la gran producción de espadas barcelonesas destinadas a la exportación, ya que si tres lanceros satisfacían las necesidades de nuestra gente de armas, un número parecido de espaderos habría bastado si no se hubieran enviado gran cantidad de espadas al extranjero.

Alt com un sant Pau
(Alto como un san Pau)

A mediados del siglo XV, Barcelona confió a los maestros espaderos la espada simbólica de la ciudad.

La venta de espadas era tan importante que los espaderos creyeron bueno establecerse cerca del mar, el lugar más concurrido por los forasteros. Del gremio de espaderos se encuentran datos ya en el año 1395 y la ciudad estaba tan orgullosa que les cedía su representación simbólica.

En todas las fiestas y solemnidades nunca faltaban los espaderos, y se hacían entremeses —pequeñas representaciones teatrales— en los desfiles. Figuraba san Pedro, que llevaba las llaves de la ciudad, símbolo de la posesión y de su dominio, y san Pablo, con una gran espada, también de la ciudad, la cual simbolizaba el derecho ciudadano y el sentido de justicia que informaba el sabio Consell de Cent en todos sus actos.

El paso del tiempo y el cambio de costumbres hicieron perder categoría a este tipo de representaciones. La figuración de san Pedro desapareció, pero la de san Pablo se conservó hasta finales del siglo XVIII y gozaba de gran popularidad.

Cada año, los maestros espaderos celebraban su fiesta gremial con una gran solemnidad, y daban una pasada por las calles presididos por un hombre, vestido como san Pablo, que llevaba a cuestas la gran espada gremial, llamada la Espada de la Ciudad. Para que aquella espada gigante le cayera a medida, había que buscar, para hacer el papel de santo, a un hombre muy alto y robusto, la vista del cual impresionaba tanto al pueblo que se creó la comparación barcelonesa *«alt com un sant Pau»* (alto como un san Pau), es decir, no como san Pablo, que según parece era bajito y enclenque, sino como un «san Pau», o sea, como uno de los ganapanes contratados que hacían este papel.

La espada simbólica de la ciudad, una vez perdido el gremio de espaderos, acabó en el museo de armas Estruch, que hasta finales del siglo XIX estuvo abierto en la plaza Catalunya. Contaban que la espada simbólica tenía aterrorizado al personal de la armería, ya que si al limpiar o por otra circunstancia la tocaban, aunque fuera ligeramente, siempre les cortaba y les hería sin saber cómo. La gran espada de la ciudad conservó, pues, hasta su final, la fama de encanto y de maravilla que se le reconocía en tiempos medievales.

La espada del caballero Vilardell

*En el año 1270 existía una profunda rivalidad entre las familias
Centelles y Cabrera, dos linajes ilustres de Barcelona que
competían por la primacía de la nobleza barcelonesa.
La rivalidad se desató cuando un Cabrera acusó de traidor a un
Centelles y éste le retó a duelo por juicio de Dios, o sea, que quien
ganara la lucha era porque Dios le había ayudado para
demostrar la verdad de su causa.*

PARECE que Cabrera, confiando en Dios pero valiéndose de otras ventajas, por si acaso, usó para la lucha la célebre espada de Vilardell, que formaba parte del tesoro de la casa.

El tal Vilardell había sido un caballero legendario del siglo anterior, el cual había encontrado en cierta ocasión a un pobre leproso; se compadeció de él, a pesar del horror que por entonces inspiraba la lepra, y fue a buscar a los criados de su castillo para llevarlo allí y cuidarlo. Cuando volvió, no encontró al leproso, sino una magnífica espada que resplandecía como un diamante. Vilardell se ciñó esta espada y con ella consiguió matar a un espantoso dragón que asolaba el término de Sant Celoni. La espada, que se había bañado en la sangre del dragón, se volvió, desde entonces, mágica e invencible.

El caballero Vilardell había interpretado que aquel mendigo leproso debía de ser san Martí, que antes de obispo había sido miliciano romano y que ahora, misteriosamente, le entregaba la espada para que atacara y matara al terrible dragón que tenía la guarida cerca de Sant Celoni.

Según cuenta la tradición, cuando los árabes fueron expulsados de la *Catalunya Vella* (Catalunya Vieja), dejaron un terrible y feroz dragón que tenía las cualidades de caminar, nadar y volar, y necesitaba devorar diariamente un gran número de personas para alimentarse. Tenía el aliento tan fétido que emponzoñaba a gran distancia. Vilardell se creyó designado por san Martí para matar a la fiera y, armado con la espada flamante, se dirigió hacia la guarida y atacó al dragón, al cual venció con un golpe de espada.

El gozo del caballero fue grande porque la flor y nata de la caballería catalana había intentado acometer al dragón sin conseguir ahuyentarlo. Llevado por el júbilo del triunfo, Vilardell alzó la espada que le había concedido la victoria. Hoja abajo se deslizó una gota de sangre del monstruo que destilaba un intenso veneno y, al tocar el brazo del héroe, lo emponzoñó y éste muy pronto murió.

La espada era maravillosa y estaba hecha con un encantamiento. Durante todo el período caballeresco fue muy valorada y querida. Era conocida como la espada de Vilardell y de san Martí.

Ésta fue la espada con que Bernat Centelles se presentó al desafío contra Arnald de Cabrera. Dividieron el terreno y ambos rompieron las lanzas en el combate. Acto seguido, continuaron luchando con la espada, y entonces Cabrera descabalgó a Centelles, y los jueces le otorgaron la victoria.

No obstante, Centelles apeló al rey alegando que Cabrera había empleado malas artes, al utilizar una espada conocida por todos por sus cualidades mágicas. El rey Jaume I, tras sopesar punto por punto los argumentos de cada oponente, declaró nulo el resultado del combate. Así pues, no hubo vencedor ni vencido. El rey dio por bueno el valor de Cabrera pero por mala la utilización de un arma tan prodigiosa.

Tanto los contendientes y jueces como el mismo rey creían en los atributos mágicos de la famosa espada. Y así consta en un documento del Archivo de la Corona de Aragón.

Las cosas han cambiado mucho desde entonces y, ahora, desafortunadamente, no creemos que existan teléfonos móviles mágicos.

LA HORCA

La pena de muerte continúa vigente en muchos países, afortunadamente en el nuestro se suprimió al instaurarse la democracia. En otras épocas, no obstante, la justicia humana tenía una severidad cruel. También es cierto que antes de que el tiempo tuviera tanta importancia como tiene hoy en día para nosotros, era más frecuente infligir castigos físicos a los delincuentes que encerrarlos. El castigo más duro era la horca. Y durante mucho tiempo, los paisajes de Barcelona estuvieron salpicados con la estampa lóbrega de los colgados.

LAS horcas se encontraban emplazadas en lugares bien visibles, especialmente en cruces de caminos, para que los viandantes pudieran contemplar el triste espectáculo de los condenados.

Como no se concedía tierra sagrada a los cadáveres, se les dejaba colgados hasta que, comidos por los cuervos, los huesos medio podridos iban cayendo en el osario, que era un pozo abierto al pie de la horca.

Aquel lugar se consideraba espeluznante y no se acercaba nadie. En una ocasión, sin embargo, un tunante que se creía muy valiente hizo una apuesta. A medianoche, se puso a clavar un clavo en la pared del osario. Pero los nervios lo traicionaron mientras lo hacía, y no se dio cuenta de que se clavaba un trozo de la capa. Cuando intentó marcharse, la capa no le seguía. Creyó que el colgado le estiraba y murió de miedo.

La Creu Coberta

La Creu Coberta era un hito de caminos situado en la confluencia de la avenida del Paral·lel con la avenida Mistral. Muy cerca de allí se emplazaba una de las horcas de la ciudad, de la cual colgaba siempre algún condenado. Era costumbre, al pasar por delante de la cruz, rezar una oración por el alma del infeliz que colgaba de la horca.

UNA vez, un joven caballero discutió con otro y se desafiaron. Tenían que encontrarse más allá de la Creu Coberta. Su contrincante pensó atacarlo a traición y le esperó oculto en una revuelta del camino.

El joven caballero, al llegar a la Creu Coberta, desmontó y dedicó una oración al colgado. Después prosiguió la marcha. Anochecía y no veía bien. Entonces se le apareció un individuo que le pidió el sombrero, la capa, la espada y el caballo y le encargó que le esperara. Habló con un tono tan convincente, que el caballero le obedeció. Un momento después de marcharse el enigmático personaje, se oyó ruido de armas. El desconocido volvió al instante y dijo al caballero:

—Soy el condenado de la horca y he querido agradecerte la oración que siempre me dedicas. Tu enemigo te esperaba oculto para matarte a traición… y ahora se cree que lo ha hecho. Pero me ha matado a mí, que ya estaba muerto. Toma tu ropa y cuélgame otra vez en la horca.

La quinta forca

Generalmente, las horcas eran cuatro, pero después, también se iba a recoger los cuerpos de los desventurados que colgaban de las horcas (*forcas* en catalán) de la Trinitat, situadas sobre un cerro que dominaba el camino real que iba de Sant Andreu hacia Montcada, cerro todavía hoy conocido como el Puig de les Forques. Esta quinta horca estaba muy lejos y resultaba dificultoso ir hasta allí en procesión desde Barcelona y a pie; eso dio lugar a la frase *«està a la quinta forca»*, que quiere significar en un lugar muy alejado.

La cofradía de los Desamparados

Cada año, por el día de Todos los Santos, la cofradía de los Desamparados salía en procesión a recoger los cuerpos de los condenados que colgaban en las horcas, y los restos de los pobres descuartizados que, libres o dentro de jaulas, estaban esposados junto a los caminos que conducían a la ciudad para que sirvieran de lección y de ejemplo.

Llevaban tantas cajas como restos tenían que recoger, y las transportaban sobre camillas enlutadas. La comitiva formaba un largo séquito, integrado por muchos frailes con túnica y capirote de luto y por toda otra gente que había prometido asistir a esta ceremonia.

Recorrían los lugares donde se levantaban horcas y donde se exponían despojos de descuartizados. Recogían amorosamente los restos, los colocaban dentro de una caja y con la horca hacían una cruz que cargaba un cofrade. Durante la operación, los concurrentes rezaban por el alma del condenado. Las últimas horcas que visitaban eran las de la Creu Coberta. De allí volvían a la ciudad por el portal de Sant Antoni.

En el porche de la iglesia de Sant Antoni, los clérigos de la parroquia del Pi, adonde pertenecía la cofradía de los Desamparados, y un gran número de gente piadosa vestida de luto esperaban la comitiva. Todos ellos se añadían al séquito tras rezar unas oraciones. Durante años, lo mejor de la sociedad barcelonesa consideró un acto de honor y distinción concurrir a estos entierros, y muchas personas iban a la ceremonia.

Las cajas, entonces, eran conducidas a la catedral, donde se rezaban unos responsos de cuerpo presente. Después, se colocaban sobre un túmulo que se adornaba en los claustros, ante la puerta de la calle del Bisbe, o sea, enfrente del cementerio de la catedral. Los restos, después de haber estado expuestos veinticuatro horas, eran enterrados allí.

En la catedral se celebraba un solemne oficio de difuntos, con un sermón pronunciado por un predicador de fama, el cual solía condenar el delito y exaltar la virtud.

Los gozos de la Virgen de los Desamparados decían así:

Dels que per sa desventura
en la Creu Coberta estan,
dels ossos fan sepultura
vostres fills amb amor gran.[2]

---

[2] De los que por su desventura
en la Creu Coberta están,
a los huesos dan sepultura
vuestros hijos con amor grande.

Huesos de muerto

Si había horcas, a la fuerza tenía que haber verdugos. Por suerte, actualmente, este oficio no consta en ninguna nómina de empresa pública o privada, pero en otros tiempos era un trabajo muy lucrativo. ¿Quiénes eran estos hombres? Poco sabemos de ellos, pero circulaban muchas historias sobre estos personajes siniestros, aunque necesarios en la concepción de aquellas épocas. Aquí explicamos algunas. Si son ciertas o no es difícil de averiguar.

EL oficio de verdugo, en aquel tiempo, era uno de los que «daba más», ya que no tenía competencia y como se cobraba a destajo y había mucho trabajo, resultaba lucrativo. Había una tarifa establecida en función del trabajo. La categoría y escala de éste era: poner el cepo, atormentar, azotar, marcar la espalda con fuego, cortar los puños, colgar y quemar vivos brujos y brujas. La escala de los precios variaba según el tiempo, y también parece que hubo unos momentos en que los verdugos no cobraban a destajo, sino que les fue asignado un sueldo fijo por tanto trabajo como tuvieran que hacer.

Nuestros antepasados concedían una gran virtud a los huesos de los muertos, los cuales traían mucha suerte y se utilizaban en la elaboración de diversos remedios. Se consideraban mejores los huesos de condenado. Los verdugos los vendían y se los hacían pagar bien; proporcionaban especialmente falangetas. Garantizaba la autenticidad la palabra del verdugo, que para este tipo de menesteres se tenía en tanta estima como la palabra del rey.

También tenían virtud los zapatos de colgado. Era habitual que el verdugo hiciera descalzar a quien iba a colgar, y vendía los zapatos a buen precio. Si alguien era ejecutado con zapatos o alpargatas, pronto había quien iba a sacárselos mientras estaba en la horca para aprovecharlos. Parece que llevar el calzado de los condenados traía buena suerte.

Aunque nadie quería relacionarse con el ejecutor oficial de la ciudad, los verdugos eran considerados unos grandes curanderos, y esto les proporcionaba mucho más provecho que el oficio. Se creía que el verdugo, tras haber colgado a un delincuente, tenía la virtud de curar toda clase de mal con sólo tocar la parte enferma del paciente. Los enfermos, llevados por la desesperación y la superstición, en lugar de llamar al médico llamaban al verdugo, el cual daba gracia a los remedios por el mero hecho de tocarlos o de recetarlos.

La tradición cuenta que cuando un verdugo descuartizaba a un delincuente, le sacaba grasa, que era empleada junto con ungüentos para curar la tisis y los males de muerte segura. La llamaban grasa de colgado, y la vendían en cantidades muy pequeñas y a precios elevadísimos.

El verdugo de la ciudad

LA plaza del Rei constituye uno de los conjuntos medievales más atractivos de la ciudad. Todo el mundo conoce el perfil del Palau Reial con su torre, llamada Mirador del Rei Martí, la amplia escalinata que sube hacia el Saló del Tinell y, muy cerca, la capilla de santa Àgata y el edificio que aloja en la actualidad el Museu d'Història de la Ciutat. Entre tanta construcción monumental, no obstante, nadie se fija en una abertura con un gran vidrio que se encuentra entre la capilla y el museo, por el lado que da a la muralla. Ésta es la puerta de la casa del verdugo.

El trabajo del verdugo no estaba bien considerado, a menos que uno se encontrara enfermo. De hecho, mucha gente sana no quería tocar al verdugo, ni siquiera los sastres, lo cual obligaba a los verdugos a ir vestidos con un saco atado a la cintura.

Esta aversión provocó que se planteara un curioso problema. ¿Dónde tenía que vivir el verdugo?

En aquella época, las personas que ejercían un mismo oficio acostumbraban a vivir en calles concretas: de los Argenters, Blanquers, Flassaders, Cotoners… Pero, naturalmente, no existía ninguna calle de los Botxins (verdugos, en castellano). Esto ocurría por dos razones: la primera, porque verdugo sólo había uno, y la segunda, porque todo el mundo habría considerado que era un nombre de muy mal gusto para una calle.

Este hecho fue motivo de una discusión en el Consell de Cent.

—El verdugo —dijo uno de los consejeros— tendría que vivir fuera de los muros de la ciudad. Su ocupación, aunque necesaria, no puede considerarse un oficio ciudadano, y ningún gremio lo querrá por vecino. Yo propongo que le digamos que se busque casa fuera de Barcelona.

Y todo el mundo pareció estar de acuerdo.

Pero entonces pidió la palabra otro de los consejeros.

—Barcelona —dijo— es una gran ciudad, y todas las ciudades tienen el deber de acoger y proteger a sus ciudadanos. A nadie le gusta tener trato con el verdugo, es cierto, pero también lo es que alguien tiene que hacer este trabajo, y sería indigno que Barcelona obligara a una persona que trabaja para la ciudad, y realiza además una tarea importante, a vivir fuera del recinto de la muralla, como si fuera un desterrado.

Y de nuevo todo el mundo pareció estar de acuerdo.

A partir de este momento, las discusiones se prolongaron hasta hacerse interminables.

Finalmente, pidió la palabra uno de los consejeros más ancianos.

—El problema —dijo— es que el verdugo no puede vivir dentro de la ciudad porque su faena resulta indeseable para los ciudadanos. ¿Cierto?

—Así es —asintieron todos.

—Y tampoco puede vivir fuera de la ciudad porque Barcelona no puede rechazar a alguien que trabaja para ella. ¿No es así?

—Eso mismo —asintieron todos.

—Entonces, me parece que la solución es sencilla: que no viva ni dentro ni fuera.

—¿Y cómo se entiende eso? —preguntó más de uno.

—Que viva en la muralla —concluyó el consejero.

Todos aplaudieron aquella sabia solución.

Y he aquí por qué en la muralla de la ciudad de Barcelona, en la plaza del Rei, se abría la puertita de la casa del verdugo, el empleado municipal que no podía vivir ni dentro ni fuera de la ciudad.

SETZE JUTGES
(Dieciséis jueces)

Si había verdugos era porque había delincuentes... pero ¿quién ordenaba que se colgara a alguien? Evidentemente, los jueces que en aquel tiempo, según se desprende de la siguiente historia, no iban tan atrasados de trabajo como ahora.

LA voz popular dice que la carne humana es la más deliciosa de comer y muy superior a cualquier otra. Explica, también, que entre todos los órganos el más gustoso es el hígado.

Cuenta la tradición que, antiguamente, los jueces que habían sentenciado a un delincuente a la horca, después de dictada la sentencia y como prueba de su cumplimiento, celebraban un banquete en el que comían el hígado del condenado. En esta creencia tiene el origen la cantinela popular:

Setze jutges
mengen fetge
d'un penjat,
Setze jutges
n'han menjat.[3]

También tiene el origen en esta creencia la frase utilizada para manifestar antipatía y odio hacia alguna persona. En este caso, se dice: «me comería su hígado». Significa que querría verla colgada y participar en el festín de su ejecución.

Se cuenta que los fondistas antiguos, cuando el verdugo había colgado algún delincuente, iban de noche a la horca y cortaban los mejores pulpejos del pobre reo y, a escondidas, se los llevaban a casa, los salaban y los servían bien cocinados a los clientes, los cuales ignoraban su procedencia y encontraban aquella carne más que suculenta. Así, los fondistas aumentaban la clientela y se hacían ricos, ya que cobraban una buena suma de dinero por aquello que no les costaba nada.

---

[3] Dieciséis jueces
comen hígado
de un colgado,
dieciséis jueces
han comido.

EL GRAN DESCUBRIDOR

Nosotros hemos podido ver el hombre pisando la Luna, la caída del muro de Berlín, la acaparadora presencia de internet. Nuestros abuelos vieron los primeros aeroplanos, el alumbrado eléctrico, guerras sangrientas como nunca... Pero nadie ha tenido que cambiar tan drásticamente su concepto del mundo como quienes vivieron en el tiempo de Cristóbal Colón.

COLÓN hizo lo imposible para esconder sus orígenes, quizá porque era de familia judía o porque sus padres sufrieron algún tipo de mancilla social. Se le supone nacido en la calle de los Boters, que es la continuación de la Portaferrissa.

Dicen que Colón era hijo de un tabernero de la plaza de la Boqueria que fue colgado por malhechor. Por este motivo, Colón habría escondido, avergonzado, su origen, ya que en sus papeles y en su testamento mencionaba sólo a un hermano de su padre, que había emigrado a Génova.

También se cree que después de haber sido ajusticiado su padre, su madre tuvo que abandonar la casa y la taberna de la plaza de la Boqueria y se trasladó a la calle de los Boters, donde transcurrió la infancia de Colón.

Cristóbal Colón

Aunque en realidad Colón, de vuelta de sus viajes, fue recibido en el monasterio de Sant Jeroni de la Murtra, en Badalona, la voz popular sitúa el recibimiento que le otorgaron los Reyes Católicos, después de que el navegante descubriera América, en el Saló del Tinell.

Los reyes lo recibieron rodeados de las personas más importantes del momento e hicieron traer una gran silla para que Colón se sentara ante ellos, gesto que constituía la mayor deferencia que un rey podía ofrecer.

Colón explicó cosas sorprendentes de las tierras que había descubierto. Les dijo que la gente no sabía leer ni tenían moneda, que no conocían el pan ni el vino, que tampoco conocían el hierro y que sus embarcaciones estaban construidas de una sola pieza, eran muy pequeñas y tenían forma de patera.

También explicó que la gente iba desnuda y que no conocían a Dios Nuestro Señor y que se comían los unos a los otros. Les hizo probar una clase de especia muy fuerte que usaban los indios, que picó mucho en la lengua de los reyes. También les hizo comer patatas, que encontraron muy buenas, y les contó que los americanos las comían en lugar del pan. Les enseñó una gran colección de loros y pájaros extraños, de más de treinta colores diferentes, muy vivos y vistosos, y también les mostró una especie de conejillos muy menudos con cola de rata.

Los reyes quedaron maravillados ante toda aquella bendición de Dios, y sobre todo del gran tesoro de oro que trajeron, tanto que incluso las cadenas de las naves y los cubos y los cacharros de cocina eran de oro. También les sorprendieron mucho los seis indios que trajo consigo, que no eran ni blancos ni negros, ni rojos, ni amarillos, que entonces eran los colores de gente que se conocían.

Pero lo que más gracia le hizo al rey fue saber que en las tierras que Colón acababa de descubrir no había caballos, ni burros, ni bueyes. Y la extrañeza de los indios al ver gente a caballo, porque no comprendían que eran dos criaturas diferentes y pensaban que eran mitad hombre mitad animal, y se horrorizaban al verlos.

El fort *Farell*

Colón traía tres indios que llamaron mucho la atención del pueblo y del rey. Uno de los tres era gigante. Los *consellers* de Barcelona, al ver la admiración del rey, le dijeron que muy cerca de la ciudad vivía otro gigante más alto y más grueso que el indio, del cual se contaban chistes curiosos. Se referían al famoso Farell de Caldes de Montbuí. El rey quiso conocerlo y ordenó que fueran a buscarlo.

El gigante bajó a Barcelona. Por el camino, arrancó un pino de los más grandes del bosque para hacerlo servir de bastón y, en dos zancadas, se presentó en la ciudad.

Al llegar al portal de la muralla, los portaleros le querían hacer pagar el tributo de leña por el pino que llevaba. El *fort* Farell dijo que no era un pino, sino un bastón. Discutieron hasta que el Farell, enfadado, lanzó el pino por encima de la muralla y pasó una pierna por encima del muro y entró en la ciudad.

Era tan alto que sobresalía por encima de todos los edificios, de manera que los vecinos, desde los terrados, veían cómo caminaba el gigante.

El rey, cuando lo vio, quedó maravillado y se dio cuenta de que era más alto y más robusto que el gigante que Colón había traído de América. Le produjo gran satisfacción ver aquel par de hombretones comer, antes de contemplar la lucha.

En el convite que dispuso para ellos dos, trabajaron todos los cocineros de la ciudad, que no daban abasto de cocer tanta comida. El indio, que creía que mataría al *fort* Farell de un soplo, no dejaba de burlarse mientras comía:

Come, come, Farallàs,
que nunca más comerás.

El Farell comía tanto como podía, sin contestar a las provocaciones del otro. Al acabar de comer, se dispusieron a luchar. La pelea tuvo lugar en la placita de los Peixos.

El *fort* Farell se plantó firme en medio de la placita esperando que el indio le embistiera. Éste comenzó a puñetazos, mordiscos y arañazos contra el Farell, que permanecía inmóvil como si fuera de hierro. Cuando el americano estuvo ya extenuado, el Farell entró en acción y preguntó al rey qué quería que hiciera de aquel hombre de juguete. El rey dijo que hiciera lo que le pareciera mejor y, según unos, le comprimió los dos costados a la vez y lo chafó como un fuelle. Y, según otros, lo agarró por una oreja y lo lanzó hacia arriba por encima de tejados y terrados, enviándolo otra vez al Nuevo Continente, mientras gritaba:

—Gente de las Américas, apartaos, que allí donde caiga, todo lo aplastará.

Este hecho se recuerda con la copla popular barcelonesa:

El gegant del Pi
ara balla pel camí.
El gegant de la ciutat
ara balla pel terrat.[4]

El rey quedó muy complacido del *fort* Farell y le entregó una bolsa de dinero. El hombretón se volvió hacia Caldes por el camino que bordea Collserola, pero cuando hubo pasado la collada se le hizo de noche y se quedó a dormir al raso. La noche era muy fría, y se quedó enroscado y muerto.

Si observáis la silueta de la sierra de Collserola, todavía podréis ver el contorno de la figura del gigante estirado.

---

[4] El gigante del Pino
ahora baila por el camino.
El gigante de la ciudad
ahora baila por el terrado.

LA CASA DE CERVANTES

Hay pintores que se desmocharon una oreja. Compositores que se quedaron sordos. Y escritores a quienes les faltaba un brazo. Éste era el caso de Miguel de Cervantes Saavedra, aventurero, soldado, galeote y, sobre todo, el mejor escritor de las letras castellanas. Estuvo en Barcelona y siempre guardó un grato recuerdo de ella.

SEGÚN la tradición, cuando Cervantes visitó nuestra ciudad, se instaló en casa de un amigo llamado Gil Grau, que vivía en el número 2 del paseo de Colom, donde hoy podemos encontrar una placa en recuerdo de aquella visita.

Cuando Cervantes hizo visitar nuestra ciudad al Quijote, le hospedó, en homenaje, también en la casa de Gil Grau. Y le hizo vivir también, delante mismo de aquella casa, una de las aventuras más importantes de la vida del caballero errante. En aquella playa, el Quijote fue vencido por el bachiller Sansón Carrasco, disfrazado de caballero de la Blanca Luna.

En aquella playa, que ahora es el Moll de la Fusta, es donde embarcaron las fuerzas catalanas que participaron en la batalla de Lepanto, entre las cuales se encontraba Cervantes. También fue allí donde hizo embarcar a los dos héroes de su obra cuando visitaron las galeras.

También según la tradición, fue en la casa de Gil Grau donde se desarrolló la famosa sesión de la cabeza parlante que tanto impresionó al Quijote. El huésped del caballero hizo poner una mesa sobre la cual había un busto que contestaba a las preguntas que se le formulaban. El pie de la mesa estaba agujereado y daba al piso de abajo, donde se hallaba un pariente del señor Grau que contestaba con voz fuerte las preguntas que se le hacían al busto.

Es muy considerado que el famoso escritor le devuelva el juicio a su héroe en nuestra ciudad. Es posible que respondiera a la creencia según la cual Barcelona está protegida por una estrella que la guía y que le confiere claridad de juicio y justicia certera en las cosas trascendentales que en ella suceden. Por eso los antiguos decían:

Barcelona,
la ciutat de la bona estrella.

En referencia a esto, se comenta que los condes y reyes catalanes, cuando tenían que estudiar un asunto importante, dictar una disposición o promulgar leyes, preferían hacerlo desde Barcelona, porque la decisión tomada bajo la protección de la estrella de la ciudad era siempre benefactora. Y se creía que las leyes, los privilegios y las disposiciones emitidos desde Barcelona, por esta razón, eran rectos y acertados. La redención del Quijote en nuestra ciudad podría ser una manifestación de esta creencia.

Lugares de leyenda

La Rambla

Quien pasea por las calles de la ciudad con los ojos de la imaginación, puede ver todavía hechos muy sorprendentes que la tradición popular sitúa en lugares concretos y cotidianos por donde muchos pasan afanados por los quehaceres diarios. Detenerse un momento y evocar lo que quizá sucedió allí, hace más vívida la experiencia de pasear por Barcelona.
La Casa dels Paraigües es una de las más bonitas de La Rambla; antiguamente, había una casona baja y se estableció en ella una tienda de bacalao conocida por Can Pau Lladre.

SE explica que este personaje trabajaba en la Seca, la antigua fábrica de moneda de Barcelona, y que cada día el hombre, cuando nadie le miraba, se tragaba una onza de oro. Y una vez en su casa, con hierbas, se purgaba y la devolvía. Tragarse una onza de oro diaria, que era una suma importante, acabó haciendo tambalear el crédito de la fábrica de moneda.

Los directores de la casa bien es verdad que registraban a todos los trabajadores, pero como era difícil llegar al estómago de Pau, que era el hombre de mayor confianza, éste continuó zampándose el oro hasta que la Seca tuvo que dejar de hacer moneda. Desde entonces, en Barcelona no se fabricaron más piezas de oro.

Pau Lladre se hizo rico, compró la casa que hemos mencionado y estableció allí una tienda de bacalao, pero su fechoría se supo, y todo el mundo, cuando pasaba por delante del establecimiento, le señalaba con el dedo y en voz baja explicaba la historia de su riqueza y de cómo se había convertido, gracias a su glotonería, de un pobre trabajador en un propietario.

Todavía hoy, por el laberinto del barrio de la Ribera, tras la calle de Montcada, podéis encontrar el callejón de la Seca, donde estaba la antigua fábrica de moneda. Pero la entrada se halla en la calle de los Flassaders. Un gran escudo nobiliario indica la importancia de la institución que tuvo que cerrar por culpa de un bacaladero.

MONTJUÏC

MONTJUÏC, la montaña solitaria frente al mar, es una atalaya natural que sirvió de refugio a los primitivos habitantes de la comarca, los íberos. Podría ser que el término *Montjuïc* derivara de «Montjovis», o montaña de Júpiter, el dios romano más importante. Pero lo más probable es que signifique montaña de los judíos, por los restos de tumbas hebraicas que se han encontrado en ella. Así pues, dioses íberos, latinos y judíos se disputan el origen, ¡y eso que no tiene ni doscientos metros de altura!

EL PORTAL DE SANTA MADRONA

*Por esta puerta de la muralla, situada al final de
La Rambla, cerca de las Drassanes, y que
antiguamente eran unos pantanales, cuentan
las comadres que entraban en la ciudad todas
las libélulas que vivían en aquellas aguas estancadas,
ya que acudían a adorar a santa Madrona, copatrona
de la ciudad, en agradecimiento por un don que
les había concedido.*

DICEN que antes, las libélulas eran grandes como águilas y volaban a una gran velocidad. Un día, irritado el diablo por la gran devoción que el pueblo de Barcelona profesaba a santa Madrona, decidió reventar la montaña de Montjuïc y echar toda la tierra sobre la ciudad para enterrarla.

El demonio acudió a las libélulas, y las hizo ir por todo el mundo para recoger a los demoñejos que tenía repartidos dedicados a hacer el mal y ordenó que, a la hora fijada, todos se dirigieran hacia las huertas de Sant Bertran montados sobre las libélulas.

Una vez reunida allí la gran tropa, comenzaron a hacer un túnel para minar la montaña y hacer que saltara. Pero cuando estaban en la labor, santa Madrona salió de la ermita, hizo la señal de la cruz y los demonios huyeron a todo correr.

Permaneció al lado del túnel una inmensa multitud de libélulas que, por orden de Pedro Botero, esperaban a los jinetes diabólicos para llevarlos de vuelta a su lugar de origen. Santa Madrona las bendijo y las hizo a todas pequeñas, para que el diablo nunca más pudiera utilizarlas de montura. Y les encargó que descubrieran todo lo que los barceloneses hicieran a favor, en honor y por gloria de Nuestro Señor y se lo explicaran al diablo, para que así se tirase del pelo de la cola de tanta rabia.

De aquí viene que estos insectos, antes llamados *«senyors»* (señores), como todavía se conocen en algunos lugares, tengan el nombre de *«cavallets del dimoni»* (caballitos del demonio) o *«espiadimonis»* (espiademonios) y que, en agradecimiento a santa Madrona, cuando su cuerpo estaba custodiado en la iglesia, cada año fueran a visitarla.

SANT MEDIR

Como ya hemos explicado al principio, los romanos, en otros aspectos gente prodigiosa, se obcecaban en hacer desistir a los cristianos de sus creencias. Y otro que pagó las consecuencias fue san Medir. Sí, sí, ¡el de la fiesta de los caramelos!

CUESTA creer que un obispo se convierta en alguien perseguido y clandestino, pero en otras épocas sucedía. Transcurría el tiempo en que el virtuoso san Sever, obispo de Barcelona, como tantos cristianos, sufría una nueva persecución. Un tal Euric, seguidor de una facción disidente de los cristianos denominada secta arriana, perseguía a diestro y siniestro a quienes no creían como él.

Sucedió que cuando san Sever huía, se encontró con un payés, buen cristiano, que estaba sembrando el campo de habas. Se llamaba Medir. El buen obispo se detuvo a conversar con aquel hombre, el cual le ofreció agua y alimentos para el viaje.

Antes de que san Sever continuara su huida, es decir, que se largara antes de que lo escarmentaran, pidió al payés que si venían unos hombres con cara de malas pulgas preguntando por él no les dijera ninguna mentira, sólo les explicara que él había pasado por aquel lugar mientras sembraba el campo de habas. El campesino le prometió que así lo haría.

Al cabo de un rato, llegó el bravucón de Euric con sus esbirros. Y le preguntaron si había visto pasar al obispo de Barcelona. Medir recordó lo que había convenido con el santo. Y pensó que atraparían rápido al obispo si comentaba que hacía poco que había pasado por allí. Pero cuando giró la vista hacia el campo de habas, las vio crecidas más de dos palmos, a punto para recogerlas. Y, aliviado, respondió que el obispo había pasado cuando él plantaba las habas. Los perseguidores, al ver el tamaño de las habas, pensaron que ya debía de estar muy lejos y se volvieron.

Pero como los soldados no pudieron agarrar al obispo, volvieron a visitar a Medir con los dientes bien apretados de rabia, porque dedujeron que les había engañado. Y no se les ocurrió otra cosa que obligarlo a renegar de su fe. Pero Medir se mantuvo firme en sus creencias. Las consecuencias fueron obvias. Medir murió mártir a manos de Euric.

Con el tiempo, en plena sierra de Collserola, donde le habían quitado el pellejo a san Medir, se construyó una ermita. Muchos años después, un pastelero de Gràcia cayó gravemente enfermo. El hombre profesaba una gran devoción a san Medir, y le prometió que, si se curaba, iría en peregrinación hasta la ermita montado en un burro y haría todo lo posible para que todo el mundo se enterara. El caso es que el pastelero se curó, y cuando llegó el 3 de marzo, fiesta actual de san Medir, se dispuso a cumplir la promesa.

La peregrinación era fácil porque la ermita de san Medir estaba a pocas horas de la villa de Gràcia. Lo que parecía más complicado era encontrar la manera de que todo el mundo se enterase. Y, tras pensarlo durante un rato, el pastelero halló una forma muy original de conseguirlo: llenó un saco con los caramelos que él mismo preparaba en el obrador y, a medida que iba recorriendo las calles de Gràcia sobre el burro, los iba repartiendo entre la gente. Como es natural, fue la villa entera, y todo el mundo supo la historia de la curación del pastelero.

El año siguiente, el pastelero repitió la romería hasta la ermita, pero esta vez se le añadieron sus parientes y amigos, todos con caballos y burros. Y, para mantener la costumbre, todos cogieron caramelos para repartir entre la gente de Gràcia.

Y la cosa fue a más. Cada vez había más gente que el día 3 de marzo iba a la romería de la ermita, al igual que cada vez había más espabilados que esperaban en las calles el paso de los peregrinos para coger caramelos.

Y la tradición se ha mantenido hasta hoy, cuando todo el barrio de Gràcia sale a la calle por Sant Medir para coger los miles de kilos de caramelos que lanzan en la fiesta los que van de romería.

A veces, las historias tienen estas cosas sorprendentes. Comienzan con un martirio y acaban con una fiesta llena de caramelos.

La Ciutadella

L pueblo nunca vio con simpatía esta fortificación construida sobre un barrio después de la guerra de Sucesión (1701-1714). Cuenta la misma tradición que del castillo de Montjuïc, para asegurar la obra y hacerla fuerte, colocaron un hombre vivo en los cimientos de cada una de las cuatro murallas principales. Este sacrificio no bastó y hacía falta que cada año fuera sacrificada una nueva víctima. De otra manera, la fortaleza se habría derrumbado. Cada año, por lo tanto, había que fusilar a alguien con causa o sin ella, sólo para evitar el hundimiento de la construcción. Era tradición poner delante del que iba a ser ejecutado la imagen del Sant Crist de la Capella. Y el Cristo se lo miraba con ojos compasivos e incluso lagrimaba.

La calle Jonquera

Los antiguos barceloneses creían que la tramontana tenía el don de fecundar a las mujeres. En Barcelona sopla del collado conocido como Forat del Vent, de la parte de arriba del barrio de Horta, y baja alborotadamente hacia la ciudad. Entraba por el portal de Jonqueres y seguía para abajo hacia dentro de la población.

En aquellos tiempos, las solteras procuraban evitar esta calle en días ventosos para no tener que caer en vergüenza. En cambio, sí paseaban por ella con gran alegría aquellas casadas que deseaban quedarse embarazadas y no lo conseguían. Se desprende de esto que la calle Jonquera podía ser, perfectamente, una alternativa a la reproducción asistida.

Este lugar todavía es uno de los más ventosos y fríos de Barcelona. Quizá por este motivo allí abrió tienda la famosa Casa de las Mantas… pero esto ya es otra historia.

El Portal de l'Àngel

En la actualidad, el Portal de l'Àngel es una calle de moda que se transforma a menudo en un hormiguero de penitentes y flagelantes que se congregan en sagrada procesión para efectuar sus compras con desesperación. Pero, en el tiempo en que Barcelona estaba amurallada, el Portal de l'Àngel era escenario de muchas otras historias…

L A avenida del Portal de l'Àngel recuerda una de las entradas de las antiguas murallas. El portal se encontraba arriba del todo de la actual avenida. El nombre de este portal tiene un origen curioso: en el siglo XV se levantó, fuera de las murallas y cerca de donde hoy está la calle Aragón, entre el paseo de Gràcia y la calle Pau Claris, un convento de grandes dimensiones conocido como convento de Jesús, que ya no existe.

Muy cerca del convento se creó un barrio, habitado por gente pobre y mendigos, sobre todo ciegos. Esta gente venía cada día a pedir limosna a Barcelona y entraban y salían por el entonces llamado Portal dels Orbs (portal de los ciegos).

A principios del siglo XV, un día que san Vicenç Ferrer regresaba de predicar por la comarca del Vallès seguido de una gran multitud, llegó al pie del portal y, justo cuando iba a entrar en la ciudad, vio sobre éste un ángel con una espada en la mano que hacía como si lo guardara. El santo le preguntó quién era y qué hacía allí, y el ángel respondió que guardaba la ciudad de Barcelona por orden del Altísimo.

Este hecho sobrenatural causó una gran sensación y aumentó la fama del santo entre los barceloneses.

Al cabo de muchos años, la ciudad fue azotada por una terrible epidemia que nadie sabía cómo detener, y a sus habitantes se les ocurrió pedir ayuda y protección a aquel ángel que por encargo divino se nombró protector de Barcelona. Le prometieron que si detenía la peste le erigirían una capilla sobre el portal donde se había aparecido a san Vicenç Ferrer.

Y, en efecto, la epidemia menguó de repente y muy pronto se erradicó del todo. Los *consellers* hicieron construir la capilla y colocaron en ella una imagen muy grande del ángel, esculpida en piedra. Desde entonces, el lugar pasó a llamarse Portal de l'Àngel, nombre que hoy lleva toda la avenida.

El ángel de la guarda del portal fue considerado el protector de la ciudad, que se extendía desde las murallas hasta la barriada de Gràcia. Quienes salían de la ciudad le rezaban un padrenuestro para que los protegiera de ladrones y perros rabiosos, y las mujeres le rogaban que las preservara de los malos hombres.

Al derribar las murallas, las afueras comenzaron a poblarse más. Y se produjeron dos o tres robos muy importantes por parte de ladrones que asaltaban casas, hecho que nos indica que los

robos en las urbanizaciones de hoy tienen un importante prece-
dente…

La gente atribuyó la audacia de los ladrones al hecho de considerarse libres de la protección del ángel, desde que habían desaparecido las murallas.

Cuentan que una vez cuatro ladronzuelos asaltaron a un payés
que iba al campo y, cuando el payés invocó al Ángel de la Guarda,
los malhechores se volvieron como de piedra, y él pudo continuar
su camino tranquilamente.

En otra ocasión, aún con la muralla en pie, una pobre mendiga con cuatro hijos encontró cerrado el portal y se resguardó para
dormir al pie de una de las cruces de fuera. En noche cerrada, se le
presentó un lobo que se iba a comer sus hijitos, pero la desventu-
rada reclamó al ángel. Inmediatamente, éste salió de su capilla y con
la espada acosó a la bestia, que huyó corriendo.

Y éstas son las historias del Portal de l'Àngel. Cuando paséis
por allí, invocad al Ángel de la Guarda que lo custodia, hoy en día
para defenderos de los peligros del tránsito, los carteristas, los que
dan tirones y contra el estrés de la gran ciudad. Es un privilegio con
el que el Altísimo obsequió a los ciudadanos de Barcelona.

Sant Martí de Provençals

El nombre del barrio de Sant Martí tiene su origen en la vieja iglesia de Sant Martí que se encontraba en aquellos lugares. El calificativo de Provençals proviene de haberse establecido allí unos provenzales que vinieron a Barcelona con la princesa Dolça de Provença, después de que ésta se casara con el conde Berenguer III.

CUANDO san Martí era soldado vino a Barcelona un año en que se produjeron terribles heladas. Pidió alojamiento en una casa que había en el pequeño pueblecito que después tomaría el nombre del santo. Conversó con el dueño, el cual se quejó de las heladas tempranas, que mataban las plantas y arruinaban a los payeses. El santo, agradecido por la hospitalidad del payés, le prometió que tras los primeros días de frío, volverían unos cuantos días de buen tiempo para que las plantas arraigaran bien y pudieran resistir mejor los fríos, y así sucedió siempre. Esta bonanza momentánea del tiempo se conoce por *«l'estiuet de Sant Martí»* (el veranillo de san Martí) y tiene lugar en días cercanos a la festividad del santo, que se celebra el 11 de noviembre.

Otra tradición cuenta que un año de frío terrible, san Martí pasaba por el paraje donde está la iglesia, que entonces era un bosque muy espeso, y se le apareció un mendigo que le dijo que se moría de frío. El santo partió la capa con la espada y le dio la mitad.

El mendigo era el diablo, que quería aligerarlo de ropa para que el frío lo matara. Nuestro Señor quiso proteger al santo y mandó subir la temperatura, cosa que sucede todos los años para recordar aquel momento.

En el lugar donde sucedieron estos hechos, se construyó la iglesia de Sant Martí. En el tímpano de la puerta hay una representación del santo partiéndose la capa con el diablo.

EL COR MENJAT
(El corazón comido)

*Todavía se conserva un edificio muy singular al principio
de la calle del Clot —junto a los inicios de la calle
Mallorca— que data del siglo XII, aunque está
muy cambiado. Se llama la Torre de Fang (torre de barro),
porque éste fue el material inicial en que se construyó.
Allí tuvo lugar la leyenda del* cor menjat.

RAMON Berenguer contrajo matrimonio con la princesa Dolça de Provença. La dama vino a Catalunya acompañada de un grupo de caballeros provenzales para hacerle compañía y para que no añorara su tierra.

El conde les concedió propiedades cerca de la ciudad, por el lado donde estaba la capillita de Sant Medir, hecho por el cual aquel lugar tomó el nombre de Sant Martí de Provençals.

El conde construyó también una casa de campo, llamada la Torre de Fang. La dama provenzal iba allí a menudo para hallarse más cerca de sus paisanos.

La condesa menudeaba cada vez más las visitas. La preferencia de la dama por la casa de campo hizo sospechar al conde, que mandó a su servidumbre que la vigilasen. Y no tardaron en sorprender a un joven trovador que, al pie de una ventana de la casa, dedicaba a la condesa las inspiraciones de su lira.

El conde, al conocer la infidelidad de su esposa, se puso furioso y juró vengarse. Mandó apresar al trovador sin que su esposa lo supiera.

El conde hizo matar al trovador. Y acto seguido, mandó que le sacaran el corazón, hizo que su cocinero lo guisara y lo llevaron a la mesa.

La condesa, ignorando de qué se trataba, se lo comió. Después, el conde le preguntó si le había gustado aquel plato tan fino, que él había mandado guisar expresamente para ella.

Y entonces le dio a conocer qué era lo que acababa de comer. La condesa tuvo un gran disgusto y juró no comer nunca más ninguna otra cosa, ya que no quería profanar la boca por donde había pasado el corazón de su trovador. La condesa murió de hambre porque no quiso probar ningún manjar más.

Y de este hecho de protesta se desprende que la princesa, probablemente, fue la precursora de las hoy en día llamadas huelgas de hambre.

CURIOSIDADES DE LEYENDA

La Casa de les Puces

En la calle de Basea, donde un caudillo sarraceno lanzó por encima de las murallas la cabeza del conde que defendía Barcelona, hubo algún tiempo después un magnífico palacio gótico conocido como la casa de Serrallonga, porque, según la tradición, allí había vivido este personaje. También era llamado la Casa de les Puces (casa de las pulgas) porque, según cuentan, fue allí donde fueron creados aquellos parásitos.

DICEN que allí vivía una vieja muy rica que no sabía qué hacer con el dinero y todo se lo hacían los sirvientes. De manera que no sabía cómo matar el tiempo y se pasaba todo el día repantigada y asqueada.

Cansada de su vida ociosa, un día le pidió a Nuestro Señor que le enviara algo para poder distraerse. Quizá un animalillo pequeño y vivaracho, que corriera, saltara y no fuera fácil de atrapar. Así, podría entretenerse persiguiéndolo.

Nuestro Señor la escuchó y creó para ella las pulgas para que se entretuviera. La vieja, sin embargo, tenía poca maña y todas las pulgas se le escapaban después de picarle.

Pronto, estos animalejos se convirtieron en una plaga que se extendió por toda la casa, después por la ciudad y, finalmente, por todo el mundo. Y por culpa de aquella vieja ociosa, gandula y poco diestra, todavía hoy se tienen que soportar las molestias de estos bichejos y rascarse cuando pican.

L'any de la picor
(El año del picor)

El encargo de la vieja rica a Nuestro Señor podemos pensar que tuvo lugar el año 1471, en el que, según las crónicas y la tradición, nuestra tierra sufrió una invasión de pulgas verdaderamente espeluznante, las cuales daban unos picotazos muy dolorosos. Además, fue uno de los años terribles de hambre y de miseria, a causa de haberse perdido la mayoría de las cosechas. La memoria del pueblo lo recuerda con el refrán:

De l'any de la picor,
que tothom gratava.[5]

Lo que indica un tiempo lejano y confuso.

---

[5] Del año del picor
en que todo el mundo se rascaba.

FER EL BENEIT
(Hacer el tonto)

NTIGUAMENTE, también existían los peajes. El paso de los portales no siempre había sido libre. A veces, para entrar en una población se hacía pagar un pequeño tributo, que recibía el nombre de «portazgo». Había, sin embargo, algunos afortunados que estaban exentos de pago, como los necios y los tontos, entre otros. De aquí viene el refrán *«Fer el beneit per no pagar el portal».*[6]

También se dice *«per no pagar el pont»* (para no pagar el puente), ya que los tontos, que transitaban por la vida como si llevaran encima un salvoconducto que certificara que eran cortos de alcances, también estaban exentos de pagar el tributo de portazgo. Tampoco pagaban mendigos, pordioseros, comediantes, farsantes y juglares, pero estos últimos tenían que cantar u ofrecer una breve muestra de sus representaciones para divertir un rato a los portazgueros o pontazgueros. En definitiva, *fer el simple,* hacerse el tonto, tenía sus recompensas. Quien quiera puede intentar hacerse el tonto en los peajes de autopista, a ver si produce el mismo efecto y consigue pasar gratis, como sucedía en el tiempo en que se pagaba el derecho de portazgo.

---

[6] Hacerse el tonto
para no pagar el peaje.

MATAR EL CUC
(Matar el gusanillo)

Las diligencias, como las que encontramos en el las aventuras del oeste norteamericano, siempre partían muy temprano, y era costumbre que antes del viaje los pasajeros «mataran el gusanillo». Eso significaba que comieran un poco de pan acompañado de aguardiente.

CUENTA la tradición que hubo una fortísima epidemia y que la gente moría como moscas. Una vez hallada la causa, se entendió que la enfermedad la producía un gusanillo minúsculo que llegaba hasta el corazón y provocaba la muerte instantánea.

Se buscó un procedimiento par matar al bicho, y no se encontró otro que comer en ayunas una pizca de pan, alimento muy del gusto del gusano, y en seguida, cuando éste se lo zampaba, ingerir una bebida muy fuerte. El pan mojado de aguardiente era el cebo que se tragaba el gusanillo y le producía la muerte al momento.

Todo el mundo se acostumbró a este desayuno, que se llamó *«matar el cuc»*, costumbre y apelativo que todavía es popularmente digno de mención cuando la gente tiene una comezón de hambre.

La mare del Tano
(La madre del Tano)

*Los triperos también se habían dedicado a dejar dinero,
y cobraban por ello réditos muy altos. Llegaron a ser considerados
la gente de oficio más rica de la ciudad. La mayoría se llamaban
«Tano». En viejo barcelonés, al hablar de un «tano» ya se
entendía que se trataba de un tripero.
Decía la voz popular que había dos clases de tanos: unos
muy listos, que podían embaucar a todo el mundo, y otros
zoquetes y tontos de nacimiento, hasta el punto de que se asoció
el nombre de Tano con el de bobo, ignorante y corto
de alcances.*

LA tradición nos habla de un Tano, infeliz como gran parte de ellos. Su madre era considerada la mujer más gallarda de la ciudad y al mismo tiempo la más rica. Pero era simple como su hijo.

Esta mujer se había obsesionado en buscar pareja, cosa que ahora es mucho más fácil gracias a internet, y ofrecía todo lo que tenía a quien quisiera casarse con ella. Y como tenía tanto de apasionada como de boba, se entregaba al primero que se le presentaba.

Dicen que tenía un mal extraño que provocaba la muerte de todos aquellos que envidiaban su gran riqueza.

La tripera fue muy popular, hasta el punto de entrar en el mundo de la leyenda. Todavía hoy la gente menta *«la mare del Tano»*, sin saber de quién se trata, cuando hace una exclamación.

El hombre del saco

LAS primeras compañías de ferrocarril fomentaban la virtud de viajar, que en aquellos tiempos estaba poco desarrollada, mediante unas guías que editaban, muy diferentes de las de ahora, donde se explicaba los paisajes que transcurrían durante el trayecto y las características, la historia y las leyendas de las poblaciones por donde pasaba el tren. Renfe podría tomar buena nota de ello, y podría editar toda una serie de leyendas de los trenes de cercanías para pasar las horas muertas mientras los viajeros esperan con santa paciencia los trenes que vienen con retraso.

Antes del imperio del ferrocarril, las mismas diligencias eran rechazadas por la gente porque el espíritu de rapidez les aterraba. Se decía que eran artes del diablo y la gente de los pueblos por donde pasaban creía que dentro iba el mismísimo demonio. Una hora antes de que pasara la diligencia, las madres no dejaban salir a los niños de casa por miedo a que el demonio se los llevara o los atropellara a causa de su velocidad.

Para propagar la aversión a viajar en diligencia, primero, y más tarde en ferrocarril, se decía que las ruedas tenían que ser untadas con grasa de niño. Y que unos hombres con un saco a las espaldas iban por las ciudades y villas, y con engaños procuraban llevar a los niños a un lugar despoblado. Allí los degollaban y los metían dentro de un saco. Les sacaban la grasa y los vendían a precios muy elevados a las compañías de ferrocarriles. Esta creencia, muy extendida, creó un personaje simbólico del miedo: «el hombre del saco», que todavía hoy se menciona para atemorizar a los críos.

Así pues, nuestros antepasados, con cariño y gran intuición, ya veían venir los desastres que provoca la velocidad, cuya principal consecuencia es el estrés. ¡Lástima que el hombre del saco no aterrorice a los que van siempre con prisa!

NOU DE TRINCA
(Recién estrenado)

*Ahora todo son juegos de consola y nos pasamos el día
enganchados al ordenador. Antes las cosas eran diferentes…*

E la calle Escudellers parte otra llamada Gínjol, nombre de origen desconocido, y antes llamada Palamall, que era una clase de juego de pelota.

El juego de pelota, que en otros tiempos tenía gran importancia, se jugaba en aquellos andurriales.

Prueba de la importancia de aquel juego son las frases hechas que han quedado de él. Por ejemplo, al acto de hacer botar la pelota se le llama *trincar-la,* y el lugar donde se juega, el *trinquet.* Las pelotas estaban hechas por los zapateros. Eran de cuero grueso, atado con hilo, también de piel. Quedaba una bola toda abombada, pero cuando se lanzaba al suelo unas cuantas veces ya tomaba una forma redonda y se podía saber si había sido trincada. Eso dio lugar a la frase *«ser nou de trinca»,* para indicar una cosa que nunca ha sido estrenada.

EL ROSARI DE L'AURORA
(El rosario de la Aurora)

En la calle de Ponent, hace tiempo rebautizada con el nombre
de Joaquim Costa, se originó la mayor revuelta contra
el famoso «rosari de l'Aurora».

DURANTE mucho tiempo, los descreídos del barrio del Raval hacían la puñeta a los fieles que iban a rezar el rosario y los escarnecían e imitaban sus cantos de manera ridícula. Un día llegaron a echarles por encima el contenido de los orinales. Se armó un alboroto tan grande que las autoridades tuvieron que prohibir aquella práctica religiosa.

En la calle de Ponent, vivían muchos exaltados y revolucionarios y, por este motivo, era más conocida con el nombre de la calle de las Barricades. Y un refrán dejaba constancia de ello: *«El carrer de Ponent, bon carrer i mala gent».*[7]

Y, desde entonces, cuando hay un embrollo con estragos, se menciona: aquello acabó como *«el rosari de l'Aurora».*

---

[7] La calle de Ponent
buena calle y mala gente.

EL BARCELONÈS

Hospitalet de Llobregat

Hospitalet de Llobregat fue un villorrio agrícola hasta bien entrado el siglo XVIII. Se han encontrado allí, no obstante, restos íberos y romanos, como una cabeza de Medusa que se conserva en el Museu d'Arqueologia de Barcelona.

En el siglo X, Hospitalet se llamaba Santa Eulàlia de Provençana y sus límites territoriales eran mucho mayores que los actuales. Llegaban hasta la sierra de Collserola y la vecina Esplugues de Llobregat, y también hasta los barrios de Sarrià, Sants, el puerto y el río Llobregat.

El nombre de Provençana podría proceder de pobladores del sur de Francia, de la Provenza, ya que en aquel lejano tiempo existía una gran relación con el imperio carolingio. Y Provenza es una palabra que viene de «provincia», tal como denominaban los romanos a sus distritos. También podría proceder de *ager provincialis* o *ager publicus*, es decir, de los campos provinciales de los tiempos de los romanos.

El nombre de «Hospitalet» significa *hostal* en catalán. Popularmente, se cree que este nombre hace referencia al hostal que debía de existir en la Edad Media al lado de la iglesia de Santa Eulàlia de Provençana, y que servía para alojar a los viajeros que llegaban de noche cuando las puertas de las murallas de la ciudad de Barcelona, a unos siete kilómetros, ya estaban cerradas.

Hasta el siglo XV, los peregrinos de todo el país que acudían a Barcelona para visitar el sepulcro de la virgen y mártir santa Eulàlia, en la catedral, fueron numerosísimos. Para facilitarles el camino, éste se había ido señalando con monumentos o capillitas dedicados a la santa. Los que salvaban el Llobregat en barca o por un vado, cuando se hacía de noche y la ciudad de Barcelona permanecía cerrada, se guarecían en el pequeño hospital que un día se construyó al pie del camino que conducía a Cornellà.

Así pues, podemos decir que Hospitalet, que en un sentido antiguo significaba «lugar de acogida», hace honor a su nombre, ya que desde finales del siglo XVIII, cuando se instalaron las primeras fábricas textiles, ha sido una población de acogida para personas de muchísimas procedencias que lo han convertido en la segunda ciudad más importante de Catalunya.

El rey Arturo en Hospitalet

Cuenta la tradición que en Hospitalet de Llobregat, concretamente en el barrio de Santa Eulàlia de Provençana, se hallaba el palacio del rey godo Ataúlfo, quien hizo construir la iglesia alrededor de la cual, poco a poco, se fue edificando el pueblo.

En esta iglesia tuvo lugar la condena eterna del Mal Cazador. Una Nochebuena se encontraba tanta gente reunida para asistir a los maitines que muchos congregados tuvieron que permanecer en el exterior.

En el momento de la elevación de la Sagrada Forma, pasó corriendo una liebre blanca, y un cazador que estaba oyendo misa abandonó el templo para perseguir al animalito. Por este sacrilegio cometido, fue condenado a tener que cazar a la fuerza mientras el mundo fuera mundo.

Una variante de la tradición convierte en protagonista de los hechos al rey Arturo, rey bretón famoso por su mesa redonda y muy aficionado a la caza. El rey Arturo acabó con todas las fieras de su país y marchó por el mundo en busca de caza.

Llegó hasta Santa Eulàlia de Provençana y, mientras se celebraba la misa de Navidad, una liebre cruzó el lugar. El rey Arturo salió tras ella en el momento más inoportuno, durante la Consagración, y parece que a estas alturas todavía ronda eternamente por los polígonos industriales y las barriadas construidas a base de hormigón.

Otra tradición dice que dos mozos muy amantes de la caza, sabedores de que en Nochebuena todas las bestias dejan sus guaridas para ir a ver al niño Jesús, prefirieron salir de caza, en lugar de asistir a misa. En el momento preciso de la Consagración de la Hostia, dispararon tiros a diestro y siniestro y armaron un gran escándalo. Como castigo, se hundieron en unas turberas inmediatas a la capilla.

Dicen que cuando se celebra la misa del Gallo en la pequeña iglesia de Santa Eulàlia, si se presta atención en el momento de la Consagración, aún se oyen los tiros disparados por los dos mozos.

La Mare de Déu de Bellvitge

Lo que hoy se llama Marina, que comprende desde la vía del ferrocarril hasta el mar, inicialmente estaba hundido bajo las aguas.

El lugar de Bellvitge aparecía mencionado el año 995 con el nombre de canal de Amalvigia —nombre de mujer de raíz goda—. En un documento de 1057 el lugar es denominado Malvitge, quizá haciendo referencia a una masía que cambió el motivo al transformarse en cultivable la zona antes pantanosa e insalubre. Por oposición se llamó, desde entonces, Bellvitge.

La Virgen de Bellvitge fue encontrada por un buey. La pastorcilla que lo conducía vio cómo una estrella caía al mediodía a los pies de uno de los bueyes de la boyada. Se acercó y lo encontró arrodillado ante una imagen de la Virgen. En el lugar donde fue encontrada le levantaron una ermita, que destruyeron las tropas de Felipe V y que más tarde fue reconstruida.

El título de la advocación de la Virgen es explicado también de otras dos maneras. La primera dice que, desde aquel paraje, se atisbaba una buena vista del mar y, por lo tanto, era conocido por «buena vista», que por corrupción del lenguaje se convirtió en «bellvitge».

La segunda comenta que la imagen de la Virgen había sido muy abogada por la gente de mar, que le pedían un bello viaje, término del cual deriva el actual.

La imagen de la Virgen, según el etnólogo y folclorista catalán Joan Amades, se encontró en unos huertos de la calle Hospital, de Barcelona, en unas circunstancias extraordinarias, y fue venerada en la capilla del Àngel de aquella calle. Amades decía que los marineros le tenían mucha devoción, ya que concedía buen viaje. Y que una vez que quisieron agrandar la capilla, no pudieron hacerlo por problemas con los vecinos, y decidieron construir otra capilla en Hospitalet. La gente de la calle Hospital y los de la Espaseria, que tenían mucha devoción a la Virgen como intercesora contra la peste, cada año, el lunes de Pentecostés, venían en procesión a la Marina de Hospitalet a visitarla y a invocar su ayuda.

El Hostal de la Llàntia

En el antiguo camino real de Reus, hasta hace pocos años, se podía ver unos escombros que, según la voz popular, eran los cascotes del Hostal de la Llàntia. Este hostal era, en realidad, una cueva de ladrones donde acechaban a los viajeros para robarles. Un día se detuvo allí un tratante que llevaba una gran recua de caballos para venderlos en Barcelona. Los ladrones comprendieron que cuando volviera traería consigo la fortuna que valía aquel ganado, y se propusieron robarlo. El tratante era muy piadoso, y siempre que pasaba por la Creu Coberta rezaba una oración por las almas del purgatorio. Cuando el tratante regresó y se detuvo a orar en la Creu Coberta, comenzaron a desfilar dos columnas de soldados. Y cuando el marchante de ganado continuó su camino, lo siguió una columna de soldados a cada lado del camino. Los ladrones, al ver aquella comitiva, se asustaron y huyeron. Los soldados, en realidad, eran las almas del purgatorio, que quisieron salvar al chalán del peligro que corría y acudieron en multitud llevando consigo un cirio encendido, que los ladrones confundieron por fusiles.

El bombardero

En 1697, durante los últimos episodios de una guerra que ya hacía nueve años que duraba entre Luis XIV de Francia y la Liga de los Habsburgo, en la cual figuraba España, los franceses tenían rodeada Barcelona, que se defendía a sangre y fuego. Pero gracias a un invento de un personaje llamado Lluís Noves, catalán y natural de Hospitalet, que era un gran ingeniero y también un bombardero muy hábil, se pudo detener el ímpetu del ataque e infligir un gran daño al enemigo. Por lo que parece, este hospitalense, tres o cuatro años atrás, había participado de manera decisiva en la recuperación de Castellfollit, en la provincia de Girona, que habían ocupado los franceses. Con una especie de trabuco gigante de madera, más parecido a un cañón, que él había inventado, consiguió aquello que no podía hacer la artillería del virrey, que desde donde estaba emplazada no llegaba a alcanzar la población. Con su artilugio se dedicó a lanzar con éxito un montón de bombas que habían encontrado en la cercana Banyoles y todas cayeron en el blanco propuesto, para gran desconcierto y terror de los asediados. El mismo virrey, que cuando le habían enseñado el trabuco no había hecho ni pizca de caso, ante su eficacia se llevó a Noves a Barcelona y le proporcionó toda clase de facilidades para ayudar a su defensa cuando llegara la hora.

Y fatalmente el día llegó. El 6 de julio, catorce compañías de granaderos, fusileros y dragones, por la parte de la Estacada, entraron en el foso de la muralla dispuestos a atacar el baluarte de Sant Pere. La mortífera arma de Noves se puso en movimiento y lo que estaba a punto de ser una derrota se convirtió en una victoria. Ochocientos muertos franceses, muchos de ellos capitanes y gente noble, contra diez muertos y trece heridos de los defensores.

Noves aún consiguió, más adelante, con las armas de su invención, derruir las galerías que habían hecho los asaltantes en el mismo baluarte de Sant Pere. La ciudad de Barcelona lo premió haciéndolo funcionario público: fue el encargado de la linterna del muelle.

La convención de Hospitalet

El 22 de junio de 1713 se reunieron en Hospitalet, en una casa señorial de la calle Xipreret, según parece, un grupo de personajes extranjeros que pretendían poner punto y final a una de las tragedias más graves que ha sufrido nuestro país. Se trataba del conde de Königsegg y del marqués de Ceva Grimaldi, y del duque de Populi, comandantes en jefe, respectivamente, de los ejércitos de Carlos de Austria y de los de Felipe V. Asistieron también los señores Thomas Swanton y Anthony Wescombe, delegados del almirante Jennings. No asistió ningún español. En esta reunión se concretó la forma de evacuar de Catalunya, Mallorca y Eivissa los ejércitos que nos habían ayudado durante la Guerra de Sucesión contra Felipe V.

Una vez se pusieron de acuerdo en la llamada «convención de Hospitalet», Barcelona se encontró totalmente desamparada frente a las tropas francoespañolas, y sólo pudo contar con sus propias fuerzas. Durante trece meses, la tenacidad y el coraje de los catalanes se enfrentaron heroicamente contra los borbones y suscitaron la admiración de todo el mundo.

La guerra del Francés

Las tropas francesas llegaron a l'Hospitalet el 25 de febrero de 1808, por la Creu Coberta, la riera Blanca y el torrente Gornal. Eran cuatrocientos caballeros que buscaban alojamiento y, como no había suficiente, también se establecieron en Cornellà y en Sants.

El guerrillero Josep Manso y sus somatenes no tardaron en preparar una emboscada. Se dispersaron por un bosque situado en los alrededores y sorprendieron al enemigo en el Camí Ral cerca del torrente Gornal, entre Esplugues, Can Buixeres y el barrio Muntanya, donde quizá había un bosquecillo. Manso y sus hombres atacaron el carruaje del general Duhesne, gobernador de Barcelona, que había salido de la ciudad, escoltado por cincuenta jinetes y cincuenta infantes. El nombre de este general se halla grabado, entre otros héroes napoleónicos, en el Arco de Triunfo de la plaza Étoile, de París.

Desconcertados, los franceses intentaron huir, perseguidos por los guerrilleros hasta la Creu Coberta, donde una parte de ellos se rindieron y los otros huyeron abandonando a los heridos, que Manso mandó recoger. Manso fue ascendido a capitán después de aquella gesta.

Mientras tanto, en Hospitalet se habían oído las campanas tocar a rebato, hecho que provocó quebraderos de cabeza al rector, mosén Pou.

Muy poco después, salía por el portal de Sant Antoni de las murallas de Barcelona la caballería francesa para dar caza al guerrillero, pero resultó inútil. Fueron hacia Hospitalet, donde las puertas de las casas estaban cerradas y atrancadas y no se veía ni un alma por las calles.

El comandante, furioso, llamó a la puerta de la rectoría y, al salir mosén Pou, le acusó de haber mandado tocar las campanas a rebato mientras se producía el ataque. El rector, muy espantado, lo negó: las campanas tocaban a muerto porque estaban enterrando a un difunto. El comandante, incrédulo, quiso comprobarlo e hizo exhumar el cadáver.

Abrieron la fosa y dentro del ataúd había un muerto que parecía haber sido enterrado hacía poco. Sin embargo, al comandante le parecía poco normal que hubieran enterrado a alguien tan temprano —las siete de la mañana— y quiso leer la partida de defunción. Cuando comenzó a leer con dificultad: «En el día de ayer falleció...», sus gritos llegaron a oírse desde la calle porque creía que le tomaban el pelo.

—Por favor, continuad leyendo —rogó tartamudeando mosén Pou. Y con un dedo tembloroso señaló a continuación del texto—: Como podéis ver, aquí dice: «En el día de ayer falleció... y hoy ha sido enterrado».

Ante tal evidencia, el francés no insistió más en el asunto y, sin ningún otro comentario, reunió a sus coraceros y retomó el camino de vuelta hacia el cuartel, con cara de pocos amigos.

¿Debían tocar a rebato las campanas? ¿Debían tocar de verdad a muerto? Eso ya pertenece al campo de las leyendas históricas.

Pero los franceses no sólo trajeron destrucción, pues modernizaron el país en algunos aspectos. Parece que eran unos maestros en el arte de la agricultura, según cuenta el mismo capitán Manso. Y ellos fueron los que introdujeron aquí el cultivo de la patata como alimento para los humanos. Hasta entonces sólo se había utilizado como forraje. Los viejos de Hospitalet decían que fue en esta población donde se cultivó por primera vez la patata en España, como alternativa para luchar contra el hambre.

BADALONA

ADALONA fue fundada en la época romana, alrededor del año 100 antes de Cristo. Los romanos habían desembarcado antes en Empuréis, en el año 218 aC. Fundaron una serie de núcleos urbanos entre los cuales se encontraba Baetulo, que con el tiempo se convirtió en la más activa de las poblaciones de la Laietania, región íbera que comprendía desde el macizo del Garraf hasta la localidad de Blanes. Baetulo se construyó sobre un pequeño cerro llamado Seriol, con un recinto amurallado y grandes torres de defensa. Según parece, llegó a tener quince mil habitantes y, actualmente, es la tercera ciudad más importante de Catalunya.

El patrón de Badalona es san Anastasi. Este santo era leridano y soldado de legiones romanas. Al pasar por Barcelona oyó predicar el cristianismo y se convirtió. Después, en Badalona, descubrieron que era cristiano, lo encerraron en una prisión oscura y lo martirizaron hasta que murió. Junto a la prisión nació espontáneamente un almendro cuyas flores tenían un blanco mucho más intenso de lo normal. La guarida que le sirvió de prisión y el almendro se han conservado hasta hace poco tiempo.

La ciudad hundida

Sólo cada segundo sábado de abril, en Badalona, algunos hombres de mar han visto caminar a una mujer muy bella que lleva un pañuelo de marinero en la mano.

Delante de Badalona, a una hora de remo, en la línea del horizonte, se hallaba una ciudad de cristal. Los habitantes de aquella ciudad tenían acordado con los badaloneses que, una vez al mes, navegando con barcas hasta medio camino de la ciudad, les llevaran víveres. Allí, en alta mar, se encontraban con una embarcación de la ciudad de cristal. Cargaban en ella los alimentos y siempre, de la misma manera, una mano femenina, bella y enigmática, que escondía a alguien tras una escuadra de velas, les daba una bolsa de oro.

Un joven marinero badalonés se enamoró de aquella mujer misteriosa de la cual sólo había visto la mano. Después de muchos viajes, en una ocasión se decidió, armado de valor, a preguntarle por qué no podía verle el rostro.

—No puede ser —dijo la joven. Pero añadió muy escondida—: Tráeme el pañuelo que llevas en el cuello con agua de mar para refrescarme.

El joven la contentó y, acto seguido, ella dijo ante la sorpresa del marinero:

—Se acaba el tiempo, no nos veremos más.

Poco después tuvo lugar una gran tempestad que parecía que pretendía hundir la ciudad de cristal. Según circulaba por las tabernas, en aquella ciudad había mucho oro y los marineros querían llevárselo antes de que las aguas se lo tragaran.

Una vez estuvieron allí con las barcas, comprobaron que la gente de la ciudad de cristal estaba rígida y sin moverse. Los marineros se perdieron por la ciudad buscando el oro, y el joven quiso encontrar a la chica a quien había regalado el pañuelo una vez en alta mar.

El joven se encontró a un viejo de barba blanca que le indicó que la mujer de la embarcación era, en realidad, la reina de la ciudad, y que se encontraba en la cúpula de cristal.

El joven marinero, en medio de rayos que hendían el firmamento, se acercó hasta el palacio. Subió las escaleras que retemblaban y, finalmente, encontró a la reina, la cual permanecía imperturbable. El joven se apresuró a decirle que la acompañara hasta la barca para salvar la vida antes de que se hundiera la ciudad.

Ella lo miró con ojos tristes y le dijo que se hacía llamar Badamar. Y añadió:

—Guardaré tu pañuelo para recordarte, joven marinero.

La sala se abrió de repente y fue engullida por las aguas. El marinero tuvo que hacer un gran esfuerzo para salir de bajo las aguas y, más muerto que vivo, consiguió llegar nadando hasta la playa. De sus compañeros nunca más se supo nada.

Desde aquel momento, el marinero salió muchas veces a buscar la ciudad de cristal. Se hacía a la mar cada segundo sábado de abril al anochecer y volvía al salir el sol. Buscaba el rastro de la ciudad de cristal.

No tuvo suerte, hasta que un día volvió con una sonrisa en los labios y ya no buscó más. Sólo una vez al año, cada segundo sábado de abril, tomaba la barca al anochecer y regresaba al apuntar el día con una sonrisa serena.

Habla la leyenda de una ciudad que existió…, hace muchos, muchos años, delante mismo de Badalona, a una hora de remo, justo en la línea del horizonte. Una ciudad que sólo las personas de corazón puro podían visitar y salir de allí sanas y salvas.

Y dicen también que, bajo las aguas, vive una reina dentro de su ciudad. Se comenta que algunos hombres de mar la han visto caminar sobre las olas. Siempre al anochecer, durante el segundo sábado de abril. Afirman que es muy bella y que lleva un pañuelo de marinero en la mano.

El pirata del alfanje

Durante siglos, las playas, litorales y costas fueron lugares de terror. No solo había ladrones de caminos, también existían ladrones de mar que, cabalgando las olas, se abatían como aves de rapiña donde menos se les esperaba. Vivir cerca de la costa era peligroso y muchas masías se fortificaban. Los vigías oteaban los horizontes. Distinguir velas era con frecuencia un mal presagio.

Cuenta la leyenda que en el interior de una capilla de una casa señorial de Badalona, junto a la imagen de la Virgen, se halla un alfanje sarraceno manchado de sangre, sujetado a la pared con una cinta blanca...

Una noche se acercó a la costa de Badalona una galera morisca. Un centenar de sarracenos consiguieron desembarcar sin que ningún centinela se diera cuenta. Sorprendieron la ciudad, la asaltaron, quemaron edificios y sembraron el terror.

Por una ventana de una casa noble saltó un morisco. Llevaba sujeto de la mano izquierda un niño de pocos meses. En la derecha, arrastraba a su madre, una joven bellísima. La cimitarra la apretada entre sus dientes.

Cuando llegaron a la playa y la joven madre vio perdida toda esperanza, tuvo un arranque de coraje y, de un manotazo, le arrancó al sarraceno el alfanje de entre los dientes. El pirata, sorprendido, la soltó y ella, con presteza, lo aprovechó para clavarle una estocada terrible en mitad del corazón. Sin perder un segundo, cogió a su hijo con un brazo y obcecada de rabia, empezó a repartir sablazos con la mano libre a todo aquel que se le acercaba hasta que cayó sobre la playa rendida.

Cuando amaneció, el dolor y la desolación se habían apoderado de Badalona. Muchas mujeres y niños eran ahora cautivos de los piratas. De repente, en la playa, entre los muertos, se oyó el llanto de un niño. Junto a él, sujetándolo con fuerza con un brazo, y todavía agarrando el alfanje con la otra mano, yacía sobre la arena la madre...

Desde aquel día lejano se conserva en la vieja casa señorial el alfanje del infiel manchado con la sangre de los piratas...

El Santo Cristo de Sant Jeroni de la Murtra

Mientras se terminaba de construir el monasterio de Sant Jeroni y también su claustro, los monjes no se percataron de que les faltaba el Santo Cristo.

Un monaguillo salió a buscar leña y ya había añochecido y todo lo envolvía la niebla cuando vio una luz mortecina. Se acercó y descubrió a dos peregrinos que iban con capucha, uno alto y el otro bajo. Los condujo hasta el monasterio y el que era rubio y de ojos claros pidió cobijo al prior. Éste se lo concedió.

—Vamos hacia Santiago de Galicia, pero queremos pasar por Montserrat —explicaron.

Al día siguiente, los peregrinos comentaron que no habían visto el Santo Cristo y que ellos que eran escultores, en pago por el hospedaje, les harían uno. Lo único que pedían es que no les molestara. Tres días permanecieron encerrados sin tomar ni la comida que les pasaban por debajo de la puerta. Cuando, finalmente, después de muchos días sin tener noticia de los peregrinos encerrados en el obrador, los monjes entraron allí, vieron un hermoso Santo Cristo. En seguida se dieron cuenta de que los peregrinos ni siquiera habían tocado las herramientas. Por contra, descubrieron un polvillo dorado flotando en la sala. El polvillo que desprenden las alas de los ángeles…

El demonio en el convento

Subiendo hacia la Conreria por la riera de Canyet, en lo más alto, quizá cerca del Mas del Dimoni, se halla una de las entradas del infierno.

Hace unos años, cuando derribaron la Torre Vella, encontraron entre los muros una vasija de barro negra sellada con cera. En el interior había un pergamino enrollado, y una piedra que lucía de una forma extraña.

Era una piedra a la que antiguamente llamaban *«pedra de llamp»* (piedra de rayo) o *«del dimoni»* (del demonio), en las comarcas de los Pallars, y tenía poder para convocar desgracias.

Los arqueólogos leyeron el manuscrito datado de 1654. Decía así:

«Desde que encontré la piedra enterrada en el antiguo cementerio de Sant Onofre llevo mucho tiempo huyendo. Ahora estoy en el monasterio de Sant Jeroni de la Murtra. Primero se incendió mi casa en la Vallensana, después perdí a mi mujer y a mi hijo. Solo y arruinado, me refugié en la Murtra.

»Poco tiempo después de llegar al convento, escondí la piedra en el claustro. Pero una noche de tormenta, un novicio empezó a gritar sin parar que unos ruidos demoníacos se oían por las paredes.

»Durante la vigilia de san José, el mismo novicio explicó que se había escapado de las garras de un demonio terrible.

»Pensaron que eran pesadillas de novicio. Muy pronto, sin embargo, todos los monjes oyeron unos golpes terribles en la parte de fuera de las ventanas del monasterio. No obstante, al salir no veían nada extraño.

»El miedo se adueñó del lugar. Un día, un pajarraco de ojos encarnados como el infierno entró en el dormitorio de los novicios. En otra ocasión, el órgano puso en marcha una música imposible. Yo estaba espantado, pero no me atrevía a decir nada de la piedra.

»El padre Prior tuvo que admitir que el demonio se paseaba por allí. Realizaron un exorcismo y pareció que todo se calmaba. Pasó el tiempo y la tranquilidad volvió al convento.

»Pero un novicio, poco después, vio una figura fantasmagórica acurrucada al lado del altar. Y aquella noche, algunos monjes vieron un gran lobo negro por el claustro que escupía espuma blanca.

»Finalmente, hice de tripas corazón y, muerto de miedo, desenterré la piedra mientras los monjes rezaban.

»He buscado la puerta del infierno durante mucho tiempo para lanzar la piedra dentro de él, pero no la he encontrado. Por donde paso hay desgracias. La piedra se ha apoderado de mi conciencia. Me he adelgazado, y estoy enfermo de cuerpo y alma. No duermo. Te dejo la piedra. Destrúyela si puedes. Si no, escóndela…».

Dicen que los arqueólogos que encontraron la piedra sufrieron muchas desgracias. Se les quemó la casa, les abandonaron la mujer y los hijos. A uno, finalmente, lo encontraron colgado. Al lado, había una vasija antigua de barro que contenía un pergamino que parece escrito por un demente…

El almendro de san Anastasi

Un soldado de la guàrdia petroriana romana llamado Anastasi, que nació en la judería de Lleida, y sirvió también en Tarragona, fue martirizado en Badalona por su fidelidad a la fe cristiana. Recogieron los cronistas que de las ruinas de la prisión de la ciudad, que estuvo situada en la calle Fluvià, donde estuvo encerrado el santo, nació un almendro que era el más grande, el que primero florecía y que desprendía un perfume muy agradable. Aquel almendro llegó a ser lugar de encuentro de muchos peregrinos que deseaban visitarlo procedentes de Europa y de las riberas del Mediterráneo. Así fue como se convirtió en símbolo emblemático de Badalona. Según el escritor Jordi Salat, los almendros están relacionados con el símbolo del árbol de la vida, el despertar espiritual y la iniciación a los misterios. Y en la edad media era el árbol de los trobadores que llevaban una ramita en su sombrero como símbolo del amor cortés y de los enamorados. Una de las acepciones de Anastasi es «el resucitado». Quién sabe si en un *badiu* (patio) de Badalona algún día resurgirá el almendro de san Anastasi.

El diablo de Badalona

Se cuenta a media voz que por Badalona anda el demonio. Alguna puerta del infierno hay en la sierra de marina que cierra la población. Y el demonio ha calado en el inconsciente colectivo de la población. De tal manera que el 8 de mayo de 1785, durante las fiestas del Roser, unos pescadores quemaron en la playa un figurón. Algunos decían que se trataba de un viejo mascarón de proa de una embarcación inservible. Hay quien cree que era una representación del diablo, aunque el Baró de Maldà, que escribió la crónica de los hechos, no lo atestigua. Lo cierto es que en plena depresión franquista, el maligno penetró de nuevo en las mentes de los badaloneses y los indujo a celebrar durante las fiestas de Sant Anastasi una orgía de fuego con la imagen del demonio. Y ahí ha quedado la tradición, que no invocación, durante las fiestas mayores de Badalona. Un susto de muerte se llevaron los constructores de los primeros *dimonis* cuando se dieron cuenta que la cara del diablo de 1940 tenía un curioso parecido con el padre de Lluís Maristany, por entonces agente honorario de la policía y en 1945, alcalde del municipio...

En 1953 el demonio que ardió, llevaba un brazalete negro. Fue el año en que murió Stalin...

El Pas de la Guineu

*Antiguamente, bajando de la montaña que estaba tocando
a Badalona mismo, se encontraban los bosques más espesos,
los llanos más amplios y los caminos más sinuosos. Todos estos
lugares, caminos y bosques conducían directamente
al Pas de la Guineu. Para entrar en Badalona viniendo de la
montaña no había ningún camino más. De este paso cuentan
miles de historias y leyendas, todas tenebrosas y misteriosas.
La gente las conocía y por eso al anochecer no se atrevían a pasar
por allí solos. El lugar era siniestro y solitario. Lo formaban unos
muros muy altos, hechos con piedras antiguas que se levantaban
a ambos lados del camino. Cuanto más te adentrabas, el camino
se hacía más y más estrecho y oscuro, sin resquicio de luz.
Dicen que el Pas de la Guineu era la entrada escogida por los
zorros para entrar a robar las gallinas a los payeses. También
se dice que allí se escondían temibles bandoleros y que los lobos
merodeaban en busca de comida.
Lo que todo el mundo sabía pero nadie se atrevía a comentar era
que el Pas de la Guineu era el camino que utilizaba el
mismísimo diablo para entrar en Badalona.*

Transcurría el año y llegó el día de la vigilia de la Virgen de Agosto, y hubo baile en Badalona. En una de las casas de labranza más prósperas de la barriada de Canyet, vivía una familia que poseía huertos y tenían una hija muy bonita y presumida. Ella quería ser la reina del baile. Probándose vestidos, no obstante, se le hizo tarde y, cuando quiso salir, ya estaba oscuro y su padre no la dejó marchar.

—Y tienes que pasar por el Pas de la Guineu… ¡Que no!

Pero a la chica no le daban miedo ni los lobos, ni los bandoleros, ni el mismísimo demonio, de las ganas que tenía de ir a bailar.

Finalmente, ante las negativas de su padre, se encerró en la habitación con un gran disgusto y se durmió compungida.

Sin embargo, al cabo de un rato se despertó de golpe al oír cómo llamaban en el balcón. Retiró las cortinas y vio a un muchacho de su misma edad que la miraba sonriente. Era guapo y tenía buena planta, y le dijo que venía a buscarla para ir a bailar.

La chica abrió los ojos de par en par. Sería la chica con el muchacho más atractivo del baile. Decidida, bajó por el balcón y, cogidos de la mano, se marcharon.

Llegaron al Pas de la Guineu. La noche era más oscura que nunca. Ella estaba tranquila. Sabía que el chico la protegería. Pero el muchacho, de repente, se transformó en un ser terrible y pavoroso con dientes negros y puntiagudos y con ojos de fuego. La chica dejó ir un alarido y salió corriendo. Una risotada tétrica la siguió.

Acabada la fiesta, los jóvenes que volvían del baile descubrieron, en el Pas de la Guineu, a una chica muy guapa, erguida y con el cabello enredado entre las ramas de un árbol tenebroso. Tenía la cara blanca como el hielo y los ojos desorbitados por el miedo. Estaba muerta. No les costó nada adivinar que el demonio se había llevado al infierno el alma de la chica presumida. Aquella noche, el diablo había dejado su huella en el Pas de la Guineu.

Can Ruti

El Hospital Universitari Germans Trias i Pujol, que pertenece al Institut Català de la Salut, està instalado donde, según la voz popular, pació un caballo después de recorrer varias leguas sin parar. Su propietario, un vasco llamado Joan Urrutia, quedó atrapado dentro de Barcelona durante el famoso sitio de 1714. Después de un año sin poder galopar, el caballo del vasco estaba deseoso de salir a campo abierto, de manera que cuando acabó la contienda, Urrutia salió de la ciudad y el magnífico caballo blanco no paró hasta las cimas de la sierra que separa los valles de Pomar y el Canyet. Allí había una casa de payés y el vasco se encaprichó de ella. La adquirió y como era de talante generoso, plantó dos cipreses, que indicaban a los viajeros que contaban con comida y cama para unos días. La casa empezó a llamarse Ca n'Urrútia y todos aquellos parajes adoptaron también la denominación. Con el paso del tiempo y adaptándose el nombre al espíritu de la lengua catalana, aquella masía pasó a ser conocida como Can Ruti. La antigua familia vasca ostentó la propiedad hasta mitad del siglo XIX. Luego pasó de mano en mano hasta llegar a ser propiedad de la sanidad pública… justo donde pació un caballo blanco que cabalgó tras un asedio.

L'arbre dels nassos
(El árbol de las narices)

*A poca distancia de la cartuja de Montalegre se halla
el edificio de la Conreria, que antiguamente servía de granja
y granero de los cartujanos. Antes, incluso, había
sido un convento de monjas.
Del tiempo del convento trata esta historia.*

Un caballero de buena planta, mientras caminaba, vio a una de las monjas que trabajaban en el campo y se enamoró perdidamente. Había quedado tan cautivado por la grácil belleza de la monja que empezó a rondarla. Día y noche la cortejaba y le rogaba que se marchara con él.

La monja, a pesar de que estaba encomendada a Dios, ante la insistencia del caballero tomó una decisión heroica.

Cada noche, el caballero saltaba el muro del jardín del convento y se dirigía a la reja de la ventana de su amada para suspirar por ella.

Una noche, la monja salió al jardín armada con una daga bien afilada. Y se dirigió al caballero.

—Señor, mi belleza os ha cautivado. Bien que lo sé y también sé que es la culpable de vuestro mal. Sufro a causa de ella, y quiero que recobre la salud vuestra alma enferma y extraviada.

Y, acto seguido, sin decir nada más, se hizo un profundo tajo en el rostro y se cortó la nariz.

La tradición no dice qué sucedió después con el caballero y la monja. Pero en el lugar donde la religiosa realizó el sacrificio, brotó un árbol de extraña y caprichosa forma, cuyas flores eran de un color encendido como el fuego y se parecían a una nariz.

Dicen que este árbol todavía existe cerca de la Conreria y que, a pesar de que se intentó arrancarlo en diversas ocasiones, siempre ha vuelto a renacer con renovado ímpetu. Lo llaman «el árbol de las narices».

SANT ADRIÀ DE BESÒS

En la mayoría de los casos, la fundación de un pueblo se inicia con la iglesia, sus dependencias y el cementerio. Todo este conjunto se denomina la sagrera. Y alrededor de estas primeras edificaciones, van sumándose casas con sus correspondientes habitantes. El santo a quien se dedica la iglesia se convierte en el patrón del pueblo y, muy a menudo, forma parte de su nombre.

SEGÚN nos cuenta Mariano Arnal en su libro *Elucubracions sobre el nom de Sant Adrìa del Besòs*, antiguamente durante muchos siglos, el término municipal de dicha población sólo abarcó los terrenos de la iglesia que se había dedicado a este santo. San Adrià, oriundo de Nicomedia, en Asia Menor, estaba dentro de los dominios de la iglesia griega. Hijo de un patricio, ejerció oficio en el ejército. Convertido al cristianismo, Diocleciano, el emperador que más cruelmente persiguió a los cristianos, lo hizo azotar hasta que lo dejó medio muerto, con tal de hacerlo renegar de su fe. No habiéndolo conseguido, lo entregó a los verdugos, que se ensañaron con él y le cortaron manos y pies. Y, como ni así se moría, lo remataron quemándolo a fuego lento.

Seguramente, obtuvo muchos puntos a causa de su martirio, pero se trata de un santo del cual no se conocen milagros u otros hechos extraordinarios. Por todo esto, puesto que es un santo de obediencia ortodoxa y de pocas credenciales milagrosas en su currículo, es probable que se trate de un santo postizo, muy numerosos en la Edad Media y que se empleaban para cristianizar nombres paganos.

La única virtud que se le conoce es la fama por abogar contra la peste. E incluso eso parece que se funda más bien en la costumbre que tenían los obispos de Barcelona de refugiarse de esta plaga en el castillo, palacio o caserón que se hicieron construir tocando a la iglesia de Sant Adrià, con el fin de consolidar su señorío sobre estas tierras.

La misma naturaleza del lugar, rodeado antiguamente de agua como una isla, lo hacía inaccesible y, por lo tanto, los refugiados se podían sentir protegidos de todo contagio.

Quizá no fue la fe cristiana la que erigió el templo primitivo, sino que sus fundadores podían perfectamente haber sido paganos, y, posteriormente, al abrazar la fe cristiana, se le cambió el nombre.

Es posible que el nombre «Adra» proceda del latín *Atria*. El atrio de los templos era el lugar más concurrido del pueblo, más que el mismo templo, por lo cual, a menudo se pasaba a denominar la iglesia sólo por su atrio, hasta que se generalizó el nombre de *atrium*, en plural *atria*, como sinónimo de iglesia. Quizá la iglesia del delta del Besòs la denominaran *atria*.

El hecho de que el santo venerado no sea local, ni milagroso, y proceda de lejanas tierras, hace suponer que la iglesia existía antes de la cristianización y que estaba dedicada a un dios pagano, cuyo nombre e imagen era preciso cambiar.

Incluso antes de la transición del paganismo al cristianismo, es posible que se conociera el lugar como Sant Atria, o sea, «el Santo Templo».

Por otro lado, Besòs, la segunda parte del nombre de la población, no es el nombre de todo el río que riega estas tierras. Sólo el último tramo recibe ese nombre, desde que atraviesa el macizo de Montcada. Los dos brazos que confluyen en Montmeló tienen cada uno de ellos un nombre específico: el Congost y el Mogent.

El primer nombre escrito del río era Bissautius, alrededor del año 1000. Los romanos latinizaron el nombre aborigen del río. Podría ser el Besòs el río del Bétulos. Bétulo y Besòs tienen un nexo común en la raíz *ibai,* que hace referencia al mismo nombre de los íberos, y que significa ribera o río. Dado que los habitantes de Baétulo eran íberos, o sea, ribereños, es coherente que el río dé nombre al pueblo que después se convertirá en Sant Adrià de Besòs.

En el pasado, el río Besòs tenía una fisonomía mucho más impresionante. Bajaba esparcido por toda la llanura, su delta formaba pantanales y lagunas. El delta era como una reserva de bosques de ribera, con aves de caza abundante. Como una especie de paraíso natural para los paganos. Y le podían haber dado un nombre bello y sagrado. Quizá erigieron allí un templo al dios del río que llevaría su nombre.

Podría ser Sant Adrià de Besòs: «el Santo Templo del Río».

El acuífero del Besòs continúa ocupando la enorme extensión de su delta primitivo. Desecadas las numerosas lagunas y desviados hacia el caudal principal los brazos, canales y regueros, se unieron unas islas con las otras, hasta convertir en tierra firme lo que era una gran extensión donde entraba el mar formando marismas.

Actualmente, continúa el río bajo Sant Adrià y parte de Badalona. El Besòs está plácidamente dormido bajo los pies de sus habitantes, tan extenso como en la antigüedad. Un río sometido bajo barriadas, polígonos industriales y fábricas; pero que un día fue el Templo Sagrado del Río, de los íberos. Es bello evocarlo... Quizá un día volverá a tener una bella fisonomía que respetemos más, o sea, que consideremos *sagrada*.

Santa Coloma de Gramenet

ANTA Coloma de Gramenet fue uno de los poblados íberos más importantes de Catalunya. Cuando llegó la noticia de que los cartagineses habían invadido la península, los íberos empezaron a establecerse sobre el Puig Castellar, en el extremo norte del actual municipio, y se dotaron de fuertes murallas.

Quedaron algunas villas durante los tiempos de los romanos y los visigodos, cerca del Besòs. Tras el relativo abandono que supuso la invasión sarracena, a partir del siglo IX, se inició la repoblación de zona.

Los nuevos pobladores, venidos del norte, debían de conocer la tradición del martirio de santa Coloma —sacrificada por los romanos en la Galia el año 274, cuando sólo tenía diecisiete años—, y es probable que le dedicaran una iglesita prerrománica, la cual habría sido destruida por Almanzor en 985.

En el mismo lugar se edificó un nuevo templo románico, documentado el año 1019, que subsistió como parroquial durante más de siete siglos. Alrededor de esta iglesia comenzó a formarse el primer núcleo urbano.

La población era un lugar foráneo dentro del territorio de la ciudad de Barcelona; dependía del Consell de Cent y tenía derecho a refugio en caso de peligro y el deber de contribuir a la edificación de las murallas.

Gramenet, por su parte, viene del latín *gramanetum,* que significa «tierra grama». La grama es una planta de la familia de las gramíneas que crece bastante en las montañas colomencas.

La población de Santa Coloma de Gramenet fue un lugar muy rural hasta los años setenta.

La familia del escritor Josep Maria de Segarra era la propietaria de casi todo el término municipal. Tenían una casa de veraneo y una mansión modernista construida alrededor de una torre de defensa del siglo X, llamada torre Balldovina. El museo de la ciudad se encuentra ubicado en esta finca.

El príncipe Ferran, hijo de Joan II, tuvo treinta caballeros presos en la torre Balldovina. Con tal de liberarlos, la Generalitat envió ciento cincuenta caballeros con cuatro mil hombres de a pie, los cuales fueron derrotados severamente. Aquello fue el preludio del final de la guerra civil entre Joan II y la Generalitat.

Cuenta la leyenda que las Corts Catalanes, en una ocasión, se reunieron bajo un roble en el término de Can Zam, allí donde en tiempos cercanos se celebraba la Feria de Abril. El roble, sin embargo, ya no está. Fue cortado porque había mucha gente que se colgaba de allí.

San Josep Oriol

San Josep Oriol es el santo más genuinamente barcelonés. Nació en la calle del Cuc, hoy Mare de Déu del Pilar, en Ciutat Vella, y fue bautizado el año 1650 en la iglesia de Sant Pere de les Puel·les. A pesar de que pertenecía a una familia muy pobre, pudo estudiar en la universidad y llegó a ser doctor.

Era un hombre de gran piedad y devoción y practicaba una abstinencia tan rígida que lo llamaban «El pa i aigua» (el pan y agua), porque eran los únicos alimentos que tomaba. Frecuentaba los hospitales y las prisiones para reconfortar a la gente que los ocupaba. De talante bondadoso, le gustaba mucho conversar con los niños. Vivió en la pobreza más estricta y admiró al pueblo.

Se le atribuyen diversas levitaciones o estados de gracia con Dios. Una vez, volviendo de Marsella a bordo de un barco, el patrón fue testimonio de ello, al elevarse el santo, maravillosamente, en el aire.

También recibió de Dios el don de curar de gracia, mediante la imposición de manos y la bendición. Sorprendió la curación de un chico llamado «el Simpàtic», al cual le evitó la amputación de una pierna gangrenada. Y también la curación inmediata de un paralítico deforme, llamado «el Bergant», que pedía limosna en las puertas de la parroquia de la iglesia del Pi, donde él, desde la capilla del Santísimo, curaba a los que allí se congregaban.

En una ocasión, san Josep Oriol vino a Santa Coloma a decir misa en la vieja iglesia románica, ya desaparecida. Cuando las campanas anunciaban las doce del mediodía, se arrodillaba y rezaba el ángelus.

Un día, las campanas repicaron cuando el santo cruzaba a pie el río Besòs. Normalmente, el río lleva poca agua, pero aquel día bajaba crecido. Cuando Josep Oriol se arrodilló, las aguas se separaron. A partir de aquel momento, le hicieron santo y le dedicaron la vieja iglesia.

La Torre Pallaresa

Se encuentra situada en Santa Coloma y se remonta a principios del siglo XIV. Cuando Colón regresó de descubrir América, traía unos documentos de gran interés; ante el temor de que se los robaran, deseaba esconderlos en un lugar seguro.

Escogió la Torre Pallaresa. Vivió una temporada en esta torre y enterró en ella los documentos. Pero cuando estuvo fuera, se los robaron. Al enterarse de ello, tuvo un disgusto tan grande que se murió.

En recuerdo por haber servido de estancia al gran navegante, se construyó allí una fuente monumental con tres naves que recuerdan las carabelas de Colón.

Leyendas urbanas

EL MOCHUELO DEL LICEU

El Gran Teatre del Liceu es un edificio maldito que ha sufrido catástrofes de toda clase. En el solar que ocupa se edificó, en el año 1662, un convento de los Trinitarios, orden religiosa encargada de rescatar a los esclavos cristianos capturados por los piratas.

EL convento, no obstante, como si la tierra sobre la cual se construyó estuviera maldita, tuvo una vida corta y accidentada. Durante la guerra del Francés, las tropas napoleónicas lo hicieron servir como almacén; después, fue un club político de tendencia liberal y, finalmente, recuperó el uso como edificio religioso, pero lo incendiaron durante la bullanga de 1835, que supuso la destrucción de la mayor parte de los edificios religiosos del casco antiguo de Barcelona.

Sobre las ruinas del convento se edificaría, posteriormente, el Liceu. Y eso fue lo que le confirió una fama siniestra. Y es que el teatro, en aquel tiempo, no sólo servía para las representaciones de ópera, sino que se celebraban en él toda clase de actos sociales. Entre ellos, los bailes de carnaval, que siempre eran una ocasión para darse a los excesos de todo tipo y estaban muy mal considerados por la clase más acomodada.

Entonces comenzó a circular por Barcelona una extraña historia. Se decía que los bailes y las representaciones teatrales habían ofendido a los espíritus de los frailes enterrados en el antiguo convento, bajo el teatro. Aseguraban que estos espíritus vengativos castigarían al Liceu, el cual, antes o después, sería destruido por un diluvio de fuego y un diluvio de agua.

Nadie hizo caso de esto. Pero el diluvio de agua se produjo en 1862, cuando unas lluvias torrenciales caídas en el llano de Barcelona provocaron la crecida de todas las rieras. Y La Rambla bajó, de la Boqueria para abajo, como un tumultuoso torrente.

Pero aquella riada no inundó el Liceu… porque el Liceu ya no estaba. O mejor dicho, sólo quedaban de él unas ruinas calcinadas. El diluvio de fuego había caído el año anterior, en forma del primer incendio que destruyó el teatro.

Nunca se esclarecieron del todo las causas, pero sí corrió el rumor de que, entre las cenizas del teatro, había aparecido una misteriosa inscripción que decía:

Sóc el mussol vaig tot sol.
Si el torneu a aixecar, jo el tornaré a cremar.

Nunca llegó a saberse nada de aquel extraño mochuelo. Pero el hecho es que cuando el Liceu fue reconstruido, la desgracia no

---

[8] Soy el mochuelo y voy solo.
Si lo volvéis a levantar, yo lo volveré a quemar.

lo abandonó. En 1893 un anarquista lanzó dos bombas Orsini en la platea durante el entreacto de la ópera *Guillermo Tell,* de Rossini. Una de las bombas no explotó, y todavía hoy se conserva en el Museu d'Història de la Ciutat de Barcelona. La otra, caída entre las filas 13 y 14 de la platea, causó una veintena de muertos. Fue una gran calamidad provocada por el gran malestar social que vivía la época.

Pero todavía hubo más. En el año 1994, el fuego volvió a arrasar por completo el teatro. Desde muchos puntos de Barcelona se veía la humareda que levantaban las grandes llamas.

¿Los espíritus de los frailes trinitarios todavía reviven o estaba la mano del enigmático mochuelo detrás? ¿Está viva, aún, la maldición?

LA CHICA DE LA REVUELTA

*Todo el mundo conoce la carretera de la Arrabassada, que va de
Barcelona a Sant Cugat del Vallès atravesando la sierra
de Collserola. Esta carretera se denomina así porque pasa cerca de
un villorrio al que llaman precisamente la Arrabassada.
A comienzos del siglo XX, cerca de este pueblo había un casino que
era frecuentado por la burguesía barcelonesa.*

MUCHOS años después, en la madrugada de un día
aneblado del mes de marzo, un joven que volvía de
Sant Cugat y que había bebido demasiado, con tal
de evitar problemas con la policía de tráfico, optó por regresar a
Barcelona por la Arrabassada. Pensaba que, a causa de las curvas de
la carretera, conduciría pausado y no le entrarían ganas de apretar
a fondo el acelerador. Pero la excitación que le provocaba conducir por aquellas vueltas y revueltas le jugó una mala pasada y acabó tomándoselo como un *rally*.

Iba como un *fitipaldi* cuando, de repente, vio la silueta de una
mujer joven cerca de la carretera. Se encontraba en una pequeña
recta y se percató de que la figura extendía el brazo para atraer la
atención. Frenó ruidosamente. La muchacha se le acercó y le dijo:

—Voy muy cerca de aquí. ¿Me podría llevar?

Él la miró; parecía que fuera vestida como para rodar una película antigua. Pero la hizo subir al vehículo y arrancó. Y para impresionarla, volvió a pisar a fondo el acelerador. Sin embargo, la chica no se inmutó.

Ya cerca del Vall d'Hebron, en la mitad de la recta, justo antes de la revuelta que denominan de la Paella, inesperadamente, la chica le pidió que se detuviera y la dejara allí mismo. El joven, sonriendo, seguro de lograr su propósito de alarmarla, frenó en seco. Ella saltó del coche decidida. En aquel momento, no obstante, venía un camión gigantesco que pasó rozando el coche del muchacho. Y él comprendió al instante que si no hubiera detenido el coche a la orden de la muchacha, ahora estaría desangrándose entre un montón de chatarra. Aquella mujer le había salvado la vida. Salió del coche para darle las gracias, pero ya no la vio en ningún sitio.

Durante un tiempo, el chico se obsesionó con aquella mujer. Soñaba con ella, la confundía con otras chicas que pasaban por la calle…

Pero los meses pasaron y aquel recuerdo se fue desvaneciendo.

Un día, un compañero de trabajo lo invitó a comer. Todo estaba a punto, pero faltaba la hija mayor de la familia. Cuando llegó, el amigo se la presentó, era su hermana. Al instante, el chico encontró que sus ojos le recordaban a alguien, pero no conseguía saber a quién. Y se quedó toda la comida pensativo, mirándola. Hasta que no pudo evitar comentarlo.

Entonces, la madre dijo que, precisamente, los ojos de su hija eran iguales a los de una tía abuela suya de la cual tenían un retrato sobre la chimenea. El chico se giró hacia donde señalaba la mujer y, de repente, perdió el mundo de vista. Se desmayó.

Cuando se recuperó, recordó la figura retratada. Y se le encogió el corazón. Se puso a llorar. Entonces, comentó muy nervioso:

—Esta mujer de la fotografía, la que usted dice que es tía abuela suya, es la misma persona que me pidió que la dejara subir al coche y que después desapareció la noche que estuve a punto de perder la vida en la carretera de la Arrabassada. Son sus ojos, su cuerpo, ¡el mismo vestido!

Y les explicó cómo habían sucedido las cosas. Todos quedaron impresionados, pero sólo la madre comprendió la dimensión de aquella historia tan inquietante, ya que sabía que su tía abuela había muerto en el año 1907, precisamente en un accidente de coche en la revuelta de la Paella, una noche de fiesta cuando volvía del casino que había existido en la Arrabassada.

EL ÁRABE DEL SUPERMERCADO

Esta leyenda urbana circuló por internet durante las semanas previas a la cumbre europea de Barcelona de los días 15 y 16 de marzo de 2002, seis meses después de los atentados del 11 de septiembre de 2001 en Nueva York.

EN la caja de un supermercado había un árabe y resulta que le faltaba una moneda de dos céntimos de euro para pagar lo que había comprado. Como la cajera no le perdonaba los céntimos, una señora mayor que estaba en la cola le dijo:

—Tenga, joven, la moneda y ya está todo arreglado.

El árabe la miró serio.

—No puedo aceptar regalos de una mujer. Mi religión…

—No es nada, sólo son unos céntimos… —insistió la mujer.

—No, no…

Pero de pronto cambió de idea.

—Lo acepto si usted quiere tomar un té en mi casa, señora.

—¡Uy, no! Qué cosas dice, no hace falta, si no es nada.

—O toma el té o no acepto la moneda —declaró el árabe.

—Mire, joven, usted mismo; si quiere la coge, pero yo no iré a tomar el té a su casa.

Entonces el hombre volvió a quedarse pensativo. Reflexionó un instante y concluyó:

—Bien, pues acepto la moneda, pero, a cambio, le haré un favor…

Entonces, el árabe se acercó a la mujer y, en voz muy baja y sin que lo oyera nadie, le advirtió:

—No tome ningún avión para Barcelona el día 14 de marzo.

Cuando el hombre se hubo marchado, la mujer mayor, inquieta, fue a la comisaría más cercana. Una vez allí, le enseñaron fotos para identificar a aquel sujeto, y ella lo reconoció: resultó que era un miembro de Al-Qaeda.

La vampira de la calle Ponent

Éste es un caso real que sacudió a la ciudad de Barcelona a principios del siglo XX.

En la calle de Ponent, actualmente llamada de Joaquim Costa, vivía Enriqueta Martí Ripollès cuando fue detenida por la policía, en 1912. El piso donde vivía Enriqueta era un entresuelo grande con muchas habitaciones oscuras, mórbidas y pestilentes. Cuando la policía entró allí, descubrió a dos niñas pequeñas: Teresa Girart, que llevaba algún tiempo desaparecida, y Angelita, una niña que Enriqueta arrebató a su cuñada justo cuando nació.

También se encontró allí un hato con un cuchillo y las ropas ensangrentadas de otro niño que no había tenido tanta suerte. Más tarde, Angelita declararía que vio cómo la mujer lo mataba sobre la mesa de la cocina. El niño se llamaba Pepito y convivió durante un tiempo con ellas.

En otra habitación, encontraron un saco lleno de huesos desmenuzados de diversos cuerpos que nunca pudieron ser identificados. Todos presentaban señales de haber sido expuestos al fuego.

Los agentes también descubrieron una habitación decorada con muebles y ornamentos muy caros donde se guardaba ropa infantil, vestidos suntuosos y medias de seda. Les llamó la atención un fajo de cartas escritas en clave y una lista que parecía de iniciales de nombres.

La explicación, en resumidas cuentas, llegó cuando forzaron la cerradura de una habitación del todo macabra. Dentro, había unos potes y unas urnas de vidrio llenos de sangre, sangre coagulada, grasas y otros residuos orgánicos. También había un libro antiquísimo lleno de fórmulas y hechizos y una especie de recetario escrito con una letra esmerada y pulida.

Enriqueta comenzó a prostituirse a los veinte años. Se dedicaba a organizar encuentros entre niños y niñas y hombres de las clases pudientes. Salía de día disfrazada de mendiga y se llevaba a los niños que encontraba desprevenidos, envolviéndolos con una capa negra.

De noche, se vestía con ropa cara y perfumada y desaparecía en la oscuridad, quizá para encontrarse con sus clientes distinguidos.

No secuestraba criaturas sólo para pervertirlas. Su objetivo era extraerles la sangre, las grasas y el tuétano, muy apreciado éste por sus propiedades supuestamente curativas.

Aunque se habló mucho de los nombres que figuraban en la misteriosa lista, la cual podía delatar a gente de las clases altas de la ciudad, Enriqueta murió antes de poder abrir la boca. Algunas versiones dicen que murió en la prisión a manos de sus compañeras; otras dicen que murió en el manicomio, e incluso hay quien insinúa que fue envenenada.

Así pues, no se pudo celebrar el juicio para averiguar aquellos hechos tan macabros. Después de que la prensa le dedicara primeras páginas durante algún tiempo, se olvidó por completo este extraordinario caso, ya que una desgracia tremenda sacudió medio mundo: el hundimiento del *Titanic*, al chocar contra un iceberg. Desde aquel instante, los rotativos se olvidaron de la Vampira de la calle Ponent para escribir las crónicas de aquella otra desgracia cuyo recuerdo ha podido perdurar hasta nuestros días gracias al cine.

La tarántula

UNA chica volvió de un país tropical con una planta de tronco grueso. Una dragonera *(draconea fragans)*. La chica la tuvo en el balcón y vio que se aclimataba bien. Hizo buen tiempo, el calor del sol era tibio. Al cabo de unos días, sin embargo, comenzaron a oírse unos ruidos extraños en el interior del tronco, como si algo rascara. Al día siguiente, el tronco estaba inflado, se rompió de repente y salió de éste una enorme y peluda tarántula.

Una florista de Barcelona certificó que un montón de clientas le habían preguntado si era posible que el tronco de Brasil pudiera estar infectado de huevos de tarántula.

EL JABALÍ

APARECIÓ en los diarios una noticia sobre las tradicionales y peligrosas riadas que en otoño bajan enfurecidas por el Maresme, llevándose por delante los vehículos que los despistados aparcan en las rieras.

En aquella ocasión, sin embargo, la noticia era insólita porque, según parece, la fuerza del agua también arrastró, aparte de los coches, un jabalí.

El pobre animal hizo honor a su raza: sobrevivió y fue descubierto, intentando nadar, con las fuerzas prácticamente agotadas, a unos cientos de metros de la costa.

Tras localizarlo, una lancha de la Cruz Roja intentó salvarlo. El animal, evidentemente, no se dejaba agarrar, pero estaba tan exhausto que, al final, aun a riesgo de que se enfureciera, pudieron subirlo a la barca. Y regresaron a tierra firme con aquel singular náufrago sano y salvo.

ENTRADAS DE TEATRO

Una pareja fue a buscar el coche que habían aparcado la noche anterior en la calle, y descubrió que se lo habían robado. Lo buscaron por todos lados y, como no aparecía, pusieron una denuncia en la policía. Dos días después, lunes por la mañana, cuando iban a coger el metro, se sorprendieron de encontrar el coche aparcado en otro lugar, pero muy cerca de donde lo habían dejado cuando se lo robaron.

En el interior del automóvil, había una nota en la cual se leía: «Necesitábamos un coche para el fin de semana y hemos tomado prestado el suyo. Disculpen las molestias. En agradecimiento, acepten estas dos entradas para el teatro». Y, en efecto, había dos entradas para una obra de teatro que se representaba un día concreto. La noche señalada, la pareja, animada, se fue a disfrutar de aquella velada bien merecida. Pero al regresar a casa descubrieron que, mientras estaban viendo la función, se la habían vaciado por completo.

ESCONDIDA DENTRO DEL ARMARIO

UNA mujer estaba poniéndose una mascarilla facial de una crema verde para limpiarse el cutis, sentada en el tocador de su cuarto. A medida que la crema se endurecía, notaba cómo el rostro se le tensaba y se quedaba rígido. En aquel preciso momento oyó cómo alguien forzó la cerradura de la puerta del piso y se coló dentro como un ladrón. Ella, aterrada, oyó cómo el desconocido se acercaba con pasos furtivos hacia la habitación donde se encontraba. Sin pensárselo dos veces, se escondió dentro del armario presa de un ataque de pánico. Allí dentro, a través de una rendija, vio cómo el ladrón entró en la habitación y, después de revolver los cajones, se dirigió hacia donde estaba ella. Petrificada de terror, se quedó como una estatua cuando, de repente, el ladrón abrió las puertas del armario. El ladrón descubrió unos ojos inyectados de pánico enmarcados en un rostro verde y rígido como la cera y, del susto de haber creído ver un fantasma, sufrió un ataque de corazón y murió en el acto.

El pajarraco

NO puedo sino mostrar mi extrañeza ante un hecho inusual: la noche del 28 de mayo de 1990, algunos vecinos del barrio de las Corts me despertaron por culpa de los insoportables chillidos de un pajarraco; no un pájaro cualquiera. Nuestro estupor fue inmenso al salir al balcón y ver una silueta negra de grandes dimensiones. Quizá medía entre tres y cinco metros, y no exagero. Fueron numerosos los vecinos que lo vieron y numerosos fueron también los comentarios al día siguiente. Suponemos que, en otros barrios, deben de haberlo visto más personas. ¿Qué era? Y lo que es más extraño: ¿por qué no ha aparecido ninguna noticia de ello en la prensa?»

Esto salió publicado en *La Vanguardia* y después en los diarios se escribió mucho acerca de ello.

Durante el mes y medio siguiente, se llegó a ver el pajarraco en Salou y en los humedales de Girona. Media Barcelona no hablaba de otra cosa. Un pájaro gigante que profería fuertes chillidos en tres intensidades diferentes. Se lo vio planear también por la calle de Vallirana, en las proximidades de la plaza de Lesseps, para alejarse después en dirección al barrio de Sarrià. Eran las cuatro de la madrugada.

El cuerpo superior de policía reconocía haber recibido centenares de llamadas alertando sobre el misterioso pajarraco. También el teléfono de información ciudadana, el 010, se había colapsado por el suceso, mientras que la agencia *Europa Press* había dispuesto redactores para cubrir la noticia. El máximo responsable del servicio de ornitología de la Facultat de Biologia de la Universitat de Barcelona, Santiago Mayosa, tuvo que esgrimir que no había ninguna explicación científica que demostrara la existencia de la bestia voladora, pero precisó que podía tratarse de un albatros, una especie capaz de medir 3,6 metros con las alas extendidas, pero que habita en el hemisferio sur.

Muchos testimonios oculares coinciden en que era un pajarraco negro, que medía entre tres y diez metros, cuya silueta se parecía a la de una paloma gigantesca.

EL FANTASMA DEL EIXAMPLE

EN la calle de Viladomat, esquina con la de Provença, se encontraba el desaparecido cine Provenza, un cine de reestreno. Al final de la década de los ochenta del siglo pasado, cuando se acabaron los cines de barrio, lo echaron abajo. Después, comenzaron a levantar pisos y corría la voz, por aquella zona de Barcelona, de que las obras estaban encantadas.

Entre la gente se decía que se trataba de un obrero al cual habían despedido recientemente. El caso es que cada día, sobre todo en las noches de verano, una multitud de curiosos se congregaba allí. Según parece, el espíritu se manifestaba en forma de misteriosas luces. Se interpretó que era una venganza del despedido. Es decir, una forma de desacreditar a la empresa constructora con la finalidad de que la gente no comprara aquellos «pisos fantasma» de inminente promoción.

BIBLIOGRAFÍA

Todas las leyendas de este volumen se han recogido de las siguientes fuentes:

Curiosidades y leyendas de Barcelona
José Mana de Mena
Plaza y Janés, 1990.

Catalunya en una llegenda
Meritxell Margarit
PAU Education, 2001.

Les millors llegendes populars
Joan Amades
Selecta
Barcelona, 1986.

Mitología barcelonina
Discurso leído por el presidente Lluís
Nicolau d'Olwer en la sesión inaugural
del curso académico de 1933-1934
Ateneu Barcelonès
Barcelona, 1934.

Històries i llegendes de Barcelona
Joan Amades
Edicions 62
Barcelona, 1984.

Excursió llegendària pel pla de Barcelona
Joan Amades
Edicions el Mèdol
Barcelona, 2001.

Llegendes de moros i cristians
Pere Balañà i Abadia
Rafael Dalmau, Editor
Barcelona, 2003.

Llegendes de Catalunya
Pau Joan Hernàndez
Baula
Barcelona, 2001.

Hi havia un temps
Albert Jané
La Galeral / Cavall Fort
Barcelona, 1995.

Mil anys de llegendes catalanes
Michel Coser
Baula
Barcelona, 1998.

*Elucubracions sobre el nom de Sant
Adrià de Besòs*
Mariano Arnal Arnal
Publicaciones de l'Ajuntament de Sant
Adrià de Besòs, 2001.

El cabàs dels Micacos. Llegendes de Badalona
Jan Grau. Guillem Escriche
Edicions el Mèdol
Tarragona, 2001.

*L'Hospitalet de Llobregat. Guia del
patrimoni històrico-artístic*
Albert Esteves
Centre d'Estudis i divulgació del
patrimoni CEDIP
L'Hospitalet, 1996.

*Els motius de les antigues cases de pagès
de l'Hospitalet*
Montserrat Cornelles i Pujol
Ajuntament de l'Hospitalet
L'Hospitalet, 1990.

25 imatges de la història de l'Hospitalet
Francesc Marcé i Sanabria
Publicacions del Museu d'Història de
la Ciutat
L'Hospitalet, 1979.

Cop d'ull al passat de l'Hospitalet
Matilde Marcé i Piera
Ateneu de Cultura Popular
L'Hospitalet, 2003.

*Història General de Santa Coloma de
Gramenet*
Joan Vilaseca i Segalés
Ediciones Metropol
Barcelona, 1985.

*Festes i Tradicions. Santa Coloma de
Gramenet*
Joan Pairó i Ballestero
Kapel SA
Barcelona, 1988.

Leyendas urbanas en España
Antonio Ortí i Josep Sampere
Ediciones Martínez Roca
Barcelona, 2000.

Leyendas urbanas
Antonio Ortí i Josep Sempere
Mr. Ediciones
Barcelona, 2000.

*Llegendes i contes catalans per ser
explicats*
Bienve Moya
Edicions el Mèdol
Tarragona, 1997.

Llegendes urbanes i narracions suburbials
Bienve Moya
Editorial Marfil
Alcoi, 1999.

Internet (datos, biografías, leyendas).

ÍNDICE

COLECCIÓN ÍTACA

Títulos publicados

LAS PALMAS DE GRAN CANARIA
Nuestro puerto, nuestra ciudad
Julio González Padrón

LA RAMBLA
Joan de Déu Prats
Ilustraciones: Pilarín Bayés
Ediciones en castellano, catalán e inglés.

CATALUÑA LOGÍSTICA
El espacio logístico del Mediterráneo y el sur de Europa
Judith Contel, Carlos García y Daniel Venteo
Ediciones en castellano, catalán e inglés.

LLEGENDES DELS CASTELLS DEL VALLÈS ORIENTAL
Glòria Campoy, Aloma Durán y Raquel Jurado

LOTERIA VALDÉS
Daniel Venteo
Edición en castellano y catalán.